# HISTÓRIA ORAL E AUDIOVISUAL

Celso Castro
Thais Blank
Vivian Fonseca
(organização)

# HISTÓRIA ORAL E AUDIOVISUAL

## Experiências no CPDOC

FGV EDITORA

Direitos desta edição reservados à
FGV EDITORA
Rua Jornalista Orlando Dantas, 9
22231-010 | Rio de Janeiro, RJ | Brasil
Tel.: 21-3799-4427
editora@fgv.br | www.editora.fgv.br



1ª edição: 2023

*Preparação de originais:* Ronald Polito
*Projeto gráfico de miolo e diagramação:* Abreu's System
*Revisão:* Michele Mitie Sudoh
*Capa:* Estúdio 513

Dados Internacionais de Catalogação na Publicação (CIP)
Ficha catalográfica elaborada pela Biblioteca Mario Henrique Simonsen/FGV

História oral e audiovisual : experiências no CPDOC / Celso Castro, Thais Blank, Vivian Fonseca (organização). – Rio de Janeiro: FGV Editora, 2023.
196 p.

Inclui bibliografia.
ISBN: 978-65-5652-206-7

1. História oral. 2. Centro de Pesquisa e Documentação de História Contemporânea do Brasil. I. Castro, Celso, 1963-. II. Blank, Thaís Continentino. III. Fonseca, Vivian Luiz. IV. Fundação Getúlio Vargas.

CDD – 907.2

Elaborada por Mariane Pantana Alabarce – CRB-7/6992

# Sumário

# Apresentação

*Celso Castro*
*Thais Blank*
*Vivian Fonseca*

Criado em 1973, já em 1975 o Centro de Pesquisa e Documentação de História Contemporânea do Brasil (CPDOC) da Fundação Getulio Vargas iniciou seu Programa de História Oral (PHO), pioneiro na institucionalização do método da história oral no Brasil. Nas décadas seguintes, o CPDOC constituiu um grande acervo de entrevistas com indivíduos atuantes na política brasileira, principalmente membros da elite. Outros atores, contudo, foram sendo entrevistados ao longo do tempo. Vale destacar, por exemplo, o projeto sobre história da ciência no Brasil e projetos realizados com um grande conjunto de instituições (Petrobras, Capes, BNDES, Supremo Tribunal Federal, Fundação Ford etc.) a partir, principalmente, dos anos 1990. Depois, passou a diversificar mais ainda seu acervo, incluindo entrevistas relacionadas com projetos sobre futebol, cientistas sociais, história do cinema brasileiro, memória das Olimpíadas, entre outros. Como resultado, temos hoje (fevereiro de 2023) um acervo com aproximadamente 2.500 entrevistas e 7.700 horas de gravação, a maior parte disponibilizada publicamente.

Ao longo desses 50 anos, não foram poucos os desafios enfrentados pelo CPDOC em relação à produção de seu acervo de entrevistas de história oral. Primeiro, vale ressaltar que, nos anos

1970, se tratava de um método que ainda não estava afirmado no mundo acadêmico, sendo objeto de críticas e desconfianças. Some-se a isso questões técnicas relacionadas com os procedimentos a serem utilizados em todo o processo, desde a decisão de se realizar a entrevista até sua disponibilização final, passando por etapas como a seleção de entrevistados, a preparação do roteiro, a realização da entrevista propriamente dita, seu processamento, armazenagem e possível transcrição. Esses procedimentos foram consolidados, em 1990, na publicação de um manual, que sistematizou nosso *know-how* coletivo à época e serviu de modelo ou inspiração para outros pesquisadores que se utilizaram do método (Alberti, 1990).

O tempo passou, as reflexões sobre o método da história oral aumentaram, a tecnologia mudou e, com ela, também o uso possível de seu produto final — as entrevistas gravadas. Entre essas mudanças, a mais significativa foi o advento da gravação digital e da internet. Se essa mudança não afetou o essencial do método — a interação entre entrevistador e entrevistado, mediada pela tecnologia, processo que resulta num produto a ser preservado e disponibilizado —, ela trouxe grandes desafios. As entrevistas passaram a ser, em grande medida, filmadas e não, como geralmente acontecia antes, apenas gravadas em áudio. Com isso, a história oral tornou-se também audiovisual.

Acima de tudo, nossa experiência institucional ao longo de 50 anos foi a da *experimentação*, associada à *reflexão*. Nunca buscamos modelos rígidos de "como fazer". Manter o método de história oral vivo no CPDOC deveu-se ao fato de que ele, acima de tudo, foi praticado por muitos pesquisadores, com formações diversas, objeto de formatos variados e utilizado em muitas temáticas. É essa experiência dos últimos anos que buscamos registrar neste livro, a partir da reflexão sobre algumas experiências concretas. Esperamos que elas ajudem outros pesquisadores a avançarem em seus trabalhos práticos e também na discussão metodológica e teórica sobre a história oral.

Os capítulos espelham a diversidade de objetos e de desafios metodológicos enfrentados pelos pesquisadores do CPDOC. Em "Memória das ciências sociais no Brasil: um projeto de pesquisa e documentação audiovisual", Celso Castro e Arbel Griner traçam o percurso histórico da incorporação da gravação em vídeo no âmbito das entrevistas de história oral. Os autores propõem uma reflexão sobre os impactos (técnicos, estéticos, éticos e metodológicos) causados pela introdução da imagem no processo de registro das entrevistas.

Em "História oral crítica sobre as origens da cooperação nuclear", Rodrigo Mallea e Matias Spektor narram a experiência do projeto "Origens da cooperação nuclear: uma história oral crítica entre Argentina e Brasil", desenvolvido a partir da realização de um experimento de história oral crítica, "processo mediado por acadêmicos de deliberação coletiva entre os personagens que participaram de um evento histórico", contando também com documentos históricos da época. Nesse experimento, propõe-se a criação de um ambiente no qual diferentes personagens de um determinado processo histórico se apresentam simultaneamente para rememorar os acontecimentos aos quais estão ligados a partir do diálogo e da confrontação com documentos. O projeto "Origens da cooperação nuclear" foi pioneiro no uso dessa metodologia na América Latina, e o capítulo descreve em detalhes o processo de produção desse ambiente, os embates gerados pelo encontro entre essas diferentes personagens históricas e apresenta alguns resultados da pesquisa, destacando sua contribuição para o campo das relações internacionais.

Bernardo Buarque de Hollanda e Raphael Rajão Ribeiro, no capítulo "Entrevistas filmadas com jogadores: reflexões metodológicas sobre o projeto 'Futebol, Memória e Patrimônio'", abordam o desenvolvimento desse projeto, destacando que, desde sua origem, a pesquisa tinha como objetivo a "criação de um banco de entrevistas capaz de ser útil não só aos pesquisadores envolvidos [...], mas igualmente uma fonte de consulta audiovisual disponível e de fácil acesso à comunidade de estudiosos e ao público em geral, incluindo os aficionados futebolísticos". Os autores propõem uma articulação entre a história oral e a história pública, explorando as possibilidades de alargar o diálogo com a comunidade não acadêmica, difundindo o conhecimento gerado nas universidades para audiências amplas e heterogêneas.

No capítulo "O projeto 'História Oral do Supremo'", Marco Aurélio Vannucchi, Fernando Fontainha, Izabel Nuñez e Leonardo Sato apresentam ao leitor a complexidade de uma pesquisa desenvolvida interdisciplinarmente e que possui como interlocutores personalidades que ocupam posições de poder de grande visibilidade midiática. No artigo, o leitor é conduzido para a "caixa-preta" (Latour, 2000) da pesquisa, onde são expostos os dilemas, imbróglios e desafios que atravessaram a produção, realização e análise das entrevistas de história oral com os ministros do Superior Tribunal Federal (STF).

Em "Gestão e preservação audiovisual na era digital: os desafios do futuro", Ninna Carneiro apresenta as estratégias de preservação incorporadas pelo CPDOC na gestão e conservação dos arquivos digitais gerados no âmbito do PHO. Atuando como analista de documentação e informação desde 2013, Ninna Carneiro reflete a partir de um lugar privilegiado: o da prática cotidiana. A autora problematiza os desafios e soluções encontradas pelo CPDOC para gerenciar seu acervo digital audiovisual, apontando também para dilemas futuros.

Celso Castro e Thais Blank abordam em seu capítulo documentários realizados no CPDOC a partir das entrevistas de história oral. O capítulo "Da entrevista ao documentário: sobre a memória da luta pela liberdade em África na narrativa do comandante Pedro Pires" analisa o processo de montagem dos filmes *The memory of the struggle for freedom in Africa* (2019), *A libertação da Guiné-Bissau: uma entrevista com o comandante Pedro Pires* (2020) e *A independência de Cabo Verde: uma entrevista com o comandante Pedro Pires* (2022), todos realizados a partir do depoimento concedido pelo comandante Pedro Pires, figura central da luta anticolonial em África. O texto propõe uma reflexão sobre a montagem e a articulação das entrevistas de história oral em uma nova narrativa fílmica.

No capítulo final, quatro pesquisadores do CPDOC fazem uma breve avaliação da utilização de entrevistas filmadas de forma remota, durante a pandemia da Covid-19.

Gostaríamos de ressaltar que os textos presentes neste livro não possuem a pretensão de apresentar fórmulas ou abarcar todas as questões que atravessam o campo da história oral e audiovisual hoje em dia. Sabemos que as especificidades de cada pesquisa e de cada instituição tornam necessária a busca por diferentes soluções para desafios diversos. O CPDOC, como instituição pioneira na história oral, propõe, por meio desta publicação, contribuir para o debate e para o aprimoramento da prática a partir dos dilemas vivenciados pela sua equipe e dos caminhos que foram seguidos. Esperamos que os textos possam inspirar pesquisadores, técnicos, professores e alunos a inovarem em suas práticas de pesquisa e compartilharem seus processos e resultados.

## Referências

ALBERTI, Verena. *História oral*: a experiência do CPDOC. Rio de Janeiro: FGV, 1990.

LATOUR, Bruno. *Ciência em ação*: como seguir cientistas e engenheiros sociedade afora. São Paulo: Editora Unesp, 2000.

# 1. Memória das ciências sociais no Brasil: um projeto de pesquisa e documentação audiovisual[1]

*Celso Castro*
*Arbel Griner*

Este capítulo apresenta o projeto Memória das Ciências Sociais no Brasil (MCSB), iniciado em 2008 no Centro de Pesquisa e Documentação de História Contemporânea do Brasil (CPDOC) da Fundação Getulio Vargas, no Rio de Janeiro. Consideramos o projeto um ponto de inflexão na produção de fontes do acervo histórico de entrevistas do CPDOC, em geral, e de fontes audiovisuais, em particular, por ser o primeiro projeto a ter no registro audiovisual um elemento central de reflexão e experimentação metodológica.

Ele se tornou um marco do início da realização sistemática de entrevistas filmadas na instituição. A partir de então, praticamente todos os novos projetos de história oral desenvolvidos no CPDOC têm adotado a prática de filmar as entrevistas. A opção pelo registro audiovisual suscitou um debate institucional centrado em quatro pontos principais de tensão, que examinaremos a seguir. Buscamos também avaliar os resultados da mudança metodológica adotada.

O primeiro ponto de tensão trata de uma resistência em relação à experimentação com métodos de registro alternativos à gravação

1 O texto deste capítulo foi publicado originalmente no livro: *A propósito dos outros filmes: encontros com o arquivo de imagens em movimento*, organizado por Thais Blank e Sofia Sampaio e publicado em 2022 pela FGV Editora. Ele é aqui reproduzido com algumas atualizações e correções.

em áudio, então rotina consolidada do reconhecimento nacional e internacional do Programa de História Oral do CPDOC (PHO). Como segundo ponto, entendemos que uma desconfiança em relação à filmagem das entrevistas tenha aumentado por conta da falta de familiaridade da equipe do CPDOC com produzir fontes em formato audiovisual. Observamos ainda receios ou suspeitas com respeito a questões éticas relacionadas com a filmagem de entrevistas. Finalmente, chamamos atenção para o pressuposto de que a entrevista ficaria prejudicada pela interferência da câmera de filmar ou de seus operadores.

Para explorar criticamente o debate que então se estabeleceu e as decisões institucionais que dele se desdobraram, é necessário primeiro explicar o contexto em que se constituiu o PHO, e no qual se insere o projeto MCSB. A seguir, exploraremos o momento da opção pelo registro audiovisual do projeto sobre as ciências sociais no Brasil e problematizaremos o debate institucional que acarretou. Examinaremos então as especificidades da adoção do formato audiovisual na produção de fontes históricas nesse contexto e as formas que encontramos para lidar com tais desafios. Indicaremos algumas implicações que a filmagem das entrevistas traz para a reapropriação das imagens produzidas. É importante dizer, todavia, que a questão da reapropriação de imagens em si é matéria a ser explorada com profundidade em outro texto.

## Memória das Ciências Sociais no Brasil: contexto de produção de fontes históricas em formato audiovisual

O projeto Memória das Ciências Sociais no Brasil, ainda em andamento, produziu até fevereiro de 2023 aproximadamente 250 horas de gravação com 129 cientistas sociais.[2] O objetivo principal do projeto é constituir um *corpus* documental e torná-lo disponível na internet.[3] Essas entrevistas são parte do acervo histórico do CPDOC, fundado em 1973 com o objetivo de organizar, estudar, constituir e tornar públicos conjuntos documentais de natureza privada que ajudam a contar a história do Brasil.[4] São cartas, relatórios, diários, excertos de jornal, fotografias, filmes e outros materiais reunidos pelos titulares de cada arquivo e que juntos totalizam cerca de 1,3 milhão de documentos. Entre os mais de 200 titulares estão seis ex-presidentes brasileiros, além de outras personalidades de expressão pública.

Em 1975, o CPDOC criou seu Programa de História Oral (PHO), pioneiro na institucionalização da história oral no Brasil e uma novidade na época em termos metodológicos e de constituição de acervos históricos.[5] Desde a criação do PHO, os pesquisadores do CPDOC têm atuado ativamente tanto na Associação Brasileira de História Oral (ABHO), criada em 1994, quanto na International Oral History Association (Ioha), criada em 1996. O PHO produz, trata e disponibiliza entrevistas com personagens cujas

---

2 As ciências sociais no Brasil formalmente incluem a antropologia, a sociologia, a ciência política e as relações internacionais. Esse foi um critério básico para a escolha dos entrevistados, ainda que vários deles também tenham trajetória acadêmico-profissional e reconhecimento intelectual em outras disciplinas afins. A opção, no projeto, por uma definição mais estrita e formal do campo das ciências sociais, deveu-se à natureza dos editais de financiamento à pesquisa então obtidos.

3 As entrevistas do projeto estão disponíveis em: www.fgv.br/cpdoc/cientistassociais.

4 O CPDOC permaneceu como um centro de pesquisa e documentação por 30 anos. Em 2003 passou também a incorporar o ensino às suas atividades, oferecendo cursos de graduação e pós-graduação e tornando-se formalmente, em 2005, a Escola de Ciências Sociais da FGV, embora mantendo também sua denominação histórica.

5 A criação do Programa de História Oral no CPDOC teve início com o desenvolvimento de um projeto amplo intitulado "Trajetória e desempenho das elites políticas brasileiras de 1930 até os dias de hoje". Os "dias de hoje" eram a segunda metade dos anos 1970.

versões contribuem para o estudo da história contemporânea do Brasil. Ao todo, o Programa somava em fevereiro de 2023 entrevistas com cerca de 2.500 pessoas e 7.700 horas de gravação; destas, aproximadamente 1.800 horas gravadas em vídeo (cerca de 24% do total).

A primeira entrevista do projeto Memória das Ciências Sociais no Brasil foi realizada em 9/7/2008.[6] Apesar de sua antiguidade e de seu pioneirismo, até então o Programa de História Oral do CPDOC fazia apenas o registro sonoro, sem que as entrevistas fossem também filmadas.[7] Num balanço feito em 2003 sobre o acervo audiovisual do CPDOC, o montador e diretor de documentários brasileiro Eduardo Escorel escreveu que, ao lado

---

6 O projeto começou formalmente em dezembro de 2007 com o nome de "Cientistas Sociais dos Países de Língua Portuguesa: histórias de vida" e teve seu nome depois alterado para "História Audiovisual das Ciências Sociais nos países da Comunidade dos Países de Língua Portuguesa (CPLP)". Ele foi inicialmente viabilizado por três financiamentos do CNPq, no âmbito de um programa de cooperação em ciências sociais para a CPLP, que se estendeu até novembro de 2013. Nessa fase, o projeto contava com a parceria de três outras instituições colaboradoras e incluiu a realização de entrevistas com cientistas sociais de Portugal (21 entrevistados, 55 horas de gravação) e em Moçambique (12 entrevistados, 19 horas de gravação), das quais não trataremos neste texto. As entrevistas realizadas no Brasil continuaram contando com o apoio do CNPq até o final de 2015, agora com a participação institucional apenas do CPDOC. A partir de 2016, o projeto, já com o nome de "Memória das Ciências Sociais no Brasil", passou a contar com um financiamento do Banco Santander, que se estendeu até o final de 2020. Para o histórico da pesquisa, ver: http://cpdoc.fgv.br/cientistassociais/historico.

7 O projeto "História do movimento negro no Brasil: constituição de acervo de entrevistas de história oral", com cerca de 110 horas de entrevistas realizadas entre setembro de 2003 e abril de 2007, foi o primeiro projeto desenvolvido no CPDOC a incluir entrevistas filmadas — após 28 anos, portanto, de experiência institucional com a história oral. Ele, no entanto, não tinha a dimensão audiovisual como seu elemento central. Não foi disponibilizado material audiovisual do projeto nem feita, no material então publicado (em texto), uma reflexão sobre o registro da imagem. Antes desse projeto, e até o início do projeto sobre a Memória das Ciências Sociais, fez-se apenas, em alguns poucos casos, o registro visual *a posteriori* de pequenos trechos de entrevistas, em geral para inserção em algum pequeno produto em vídeo.

da notável contribuição dada pela constituição de nosso grande acervo de entrevistas:

> [...] é uma lástima que o registro, filmado ou gravado em vídeo, da imagem dos depoentes não tenha sido incluído no Programa de História Oral, transformando-o num Programa de História Oral & Visual. Considerando a penúria do acervo brasileiro de imagens em movimento, o registro visual das centenas de testemunhos colhidos teria constituído um acervo de valor inestimável. [...] Fomos impedidos, por exemplo, de examinar a expressão do rosto do general Carlos Alberto da Fontoura, chefe do Serviço Nacional de Informações de 1969 a 1974, no momento que afirmou nunca ter tido "uma prova de tortura". [...] Terá sido apenas por falta de recursos que não foram feitas essas filmagens ou gravações em vídeo? Essa possibilidade terá sido considerada? Ou terá predominado um certo menosprezo pelo valor do documento visual que parece haver por parte de alguns historiadores? [Escorel, 2003:49][8]

Eduardo Escorel é diretor de quatro documentários sobre a Era Vargas, produzidos desde os anos de 1980.[9] O documentarista conhece bastante bem, portanto, o arquivo do CPDOC, que guarda, entre outros, o acervo pessoal do ex-presidente Getúlio Vargas, personagem central dos filmes de Escorel, assim como os de muitos de seus ministros, correligionários e adversários.

Os filmes de Escorel baseiam-se em materiais de arquivo, exaustivamente pesquisados em acervos mundo afora, mas principalmente no Brasil, na Alemanha e nos Estados Unidos. Sua

---

8 A respeito da colocação de Eduardo Escorel e de confrontar um inimigo (real e de versões históricas) com mediação do "audiovisual", ver também Leandro (2016).

9 São eles: *1930 — Tempo de revolução* (1990); *32 — A guerra civil* (1993); *35 — O assalto ao poder* (2002) e *Imagens do Estado Novo — 1937 a 1945* (2018).

pergunta de 2003, portanto, não é apenas uma crítica. Ela serve também como parâmetro de comparação. Se há imagens em movimento e registro audiovisual nos filmes de Escorel, sua maioria provavelmente não provém do acervo do CPDOC. A observação do cineasta vocalizou uma realidade: apesar de o CPDOC não apenas recolher documentos do passado, mas também produzir fontes no presente, o formato destas parecia de certo modo anacrônico.

A provocação feita pelo cineasta guia nossa reflexão neste capítulo. Por que durante três décadas não se filmaram as entrevistas realizadas no CPDOC? Por que a adoção deste formato, quando se deu, gerou resistências e discussão dentro da instituição? Qual foi a natureza dos incômodos e do dissenso?

## Cinema documentário, ensino e novas formas de "ver" fontes históricas

Se complexidade e custo de equipamentos sempre marcaram o cinema, desde meados da década de 1980 tecnologias de vídeo mais baratas e simples de usar, embora de boa qualidade de registro, já estavam disponíveis no mercado. Portanto, se a filmagem de entrevistas tardou a ter início no CPDOC, acreditamos que outros motivos expliquem a demora.

Primeiro, uma certa rotinização (ou estabelecimento) de procedimentos que, considerados apropriados e bem-sucedidos, não estimulavam a experimentação e a inovação. Segundo, a falta de familiaridade da equipe com a produção de fontes em formato audiovisual. Terceiro, a existência de receios com respeito a questões éticas relacionadas com filmagem de entrevistas. Finalmente, a suposição de que a situação de entrevista ficaria prejudicada pela interferência da câmera ou de seus operadores.

O primeiro motivo, o da tradição, evocava um passado de realização bem-sucedida de entrevistas que eram registradas apenas em som. O fato de o acervo do CPDOC ser muito valorizado como um bem público e de sua constituição ter servido como modelo para iniciativas de história oral em outras instituições eram acionados em sua defesa. Não há como deixar de se observar, porém, o peso do apego à rotina, e de um certo conformismo a práticas institucionalizadas que "estavam dando certo".

Havia ainda uma lógica específica, muito ligada ao *establishment* acadêmico brasileiro em geral e às áreas da história e das ciências sociais, especificamente, e que diz respeito à imaginação do que devia ser um ponto de chegada, do que seria uma "fonte qualificada" e "um produto final ideal". A maior parte das entrevistas realizadas pelo Programa de História Oral do CPDOC que se tornaram públicas haviam sido editadas para publicação em livro. Vários desses livros tiveram considerável impacto público. Olhando para um cenário mais amplo, vemos que experiências audiovisuais no campo das ciências sociais e da história no Brasil da época eram muito poucas e praticamente restritas à produção de documentários e filmes etnográficos, e não à constituição de *acervos históricos*. Dessa forma, configurava-se até então uma tradição de primazia da gravação em som como técnica e como formato secundário de produção de fontes. O *texto* publicado a partir da gravação e de sua transcrição editada era, ao mesmo tempo, a consolidação da fonte oral e o produto almejado.

O segundo motivo para a demora da adoção do registro audiovisual no PHO do CPDOC, a falta de familiaridade da equipe com a produção de fontes em formato audiovisual, exige uma explicação mais detalhada da história da instituição. Embora o projeto sobre a memória das ciências sociais se insira na mesma tradição que o CPDOC já havia consolidado com seu Programa de História Oral — cujos procedimentos técnicos básicos foram seguidos, porém adaptados e complementados em novo suporte —, ele foi também, em parte, desenvolvido no bojo de três inovações institucionais. Em agosto de 2005, o CPDOC lançou uma Pós-Graduação *lato sensu* em cinema documentário, cuja coordenação ficou, não por acaso, a cargo de Eduardo Escorel.[10] Em meados de 2006, criou-se o Núcleo de Audiovisual e Documentário do CPDOC e, em 2007, iniciaram-se as atividades, até hoje em curso, do Cineclube FGV.[11]

---

10 É interessante observar que Eduardo Escorel foi convidado a criar e coordenar esse curso dois anos depois de fazer a crítica acima reproduzida. O curso funciona até hoje sob sua coordenação, já tendo formado 17 turmas, no Rio e em São Paulo. Também não foi por acaso que as duas primeiras do Núcleo de Audiovisual e Documentário (Adelina Novaes e Cruz e Arbel Griner) se formaram na primeira turma de Cinema Documentário, e que o coordenador do projeto sobre a memória das Ciências Sociais no Brasil (Celso Castro), também diretor do CPDOC desde o início de 2005, tenha não apenas tido a iniciativa de criar a pós-graduação em Cinema Documentário, como também assistido à metade do primeiro curso. Além disso, Adelina havia sido responsável por algumas das filmagens de trechos de entrevistas anteriormente mencionados e Arbel, formada em Jornalismo, já havia atuado profissionalmente como roteirista de programas para a televisão. Vale também registrar que já havia estudos sobre o audiovisual no CPDOC, embora não envolvidos com a produção de fontes orais. Mônica Kornis, então professora do CPDOC, estudava as relações entre cinema, TV e história, e lecionou na primeira turma da Pós-Graduação em Cinema Documentário, assim como Regina Luz, pesquisadora da instituição com reflexão sobre fotografias e história. Neste primeiro momento participaram também Edgar Teodoro da Cunha, responsável por uma oficina de realização oferecida para a graduação e pela implementação da Pós em Cinema Documentário em São Paulo e Marco Dreer, formado em cinema e técnico de som que colaborou com a implementação do audiovisual nas rotinas do Programa de História Oral. Thais Blank, que ingressou como assistente no NAD em 2009 (e atualmente é professora do CPDOC) foi fundamental para a sistematização dos processos ligados às entrevistas filmadas e sua edição, e para a reflexão sobre esses processos e as escolhas metodológicas e estéticas que adotamos em relação à disponibilização do material produzido. Thais também participou com assistente de pesquisa do filme de Eduardo Escorel sobre o Estado Novo.

11 Sobre essas iniciativas ver, respectivamente, http://cpdoc.fgv.br/nucleoAD, http://cpdoc.fgv.br/cursos/cinedoc e http://cpdoc.fgv.br/cineclube.

A Pós-Graduação em Cinema Documentário ampliou as possiblidades de investigação e análise da realidade brasileira contemporânea que estão no objetivo mesmo da criação do CPDOC. Por meio desse curso, a instituição passou a conviver sistematicamente com pessoas que atuavam no mundo do cinema documentário brasileiro, até então em geral apenas usuários de nosso acervo para suas produções. É preciso destacar, pois, que a produção sistemática de fontes históricas audiovisuais no CPDOC passa a se dar em diálogo com e sob influência das questões relevantes ao cinema documentário — em detrimento de outros campos de interlocução possíveis e suas problemáticas principais. Colocam-se como centrais, a partir daí, reflexões acerca do estatuto da verdade, da ideologia por trás dos planos, do enquadramento ou não do entrevistador, de sua voz em *off* ou *on*, dos cenários e condições de produção das imagens, para mencionar algumas.

No mesmo contexto histórico-institucional, em 2006, teve início no CPDOC a primeira turma do curso de graduação em ciências sociais. Seu programa previa que o curso obrigatório de Antropologia 1, oferecido no primeiro período, funcionasse como laboratório de familiarização com a história do cinema documentário e de experimentação com recursos audiovisuais. A iniciativa, idealizada por Celso Castro, diretor do CPDOC, foi premiada pela Associação Brasileira de Antropologia naquele ano. Em 2008, foi oferecido pela primeira vez o "Laboratório de Audiovisual e Documentário" — com o intuito de ampliar o contato dos alunos com uma filmografia ligada ao cinema documentário que fosse referência para reflexões, discussões metodológicas, análises de forma e de conteúdo, e, também, um espaço para a realização de pequenos documentários. Colocavam-se, assim, em contato e interlocução, como pontos de teste de aproximação e contraste, os olhares e as abordagens das ciências sociais, da antropologia em particular, e do cinema documentário (em suas versões plurais).

Já o Cineclube FGV, que começou a funcionar em 2007, visava a fomentar uma maior interlocução entre pesquisadores, professores e funcionários do CPDOC com a linguagem do Cinema Documentário, assim como um espaço aberto para reflexão junto ao público externo. A programação do Cineclube é temática e estritamente voltada ao gênero documental. As sessões — cerca de 120 desde a criação do Cineclube em 2007 até dezembro de 2022 — são sempre seguidas de debate com pessoas que têm reflexão sobre o cinema documentário, geralmente realizadores, professores ou comentaristas.

Estas três inovações institucionais, implementadas entre 2005 e 2007, criaram o ambiente que deu origem ao projeto sobre a Memória das Ciências Sociais no Brasil, o pioneiro no CPDOC, como já dissemos, a colocar em primeiro plano a constituição de um acervo audiovisual. É importante repetir que esse projeto não prescindiu nem deixou de dialogar com a experiência institucional acumulada em mais de três décadas de entrevistas gravadas exclusivamente em som: ocorreu a adaptação e complementação, em novo suporte, dessa tradição, que, desse modo, se renovava.

## A desconfiança em relação ao audiovisual

Há dois outros motivos que ajudam a explicar a demora em fazermos entrevistas filmadas no CPDOC. Eles dizem respeito a receios ou precauções de alguns colegas em relação à filmagem de entrevistas. Um deles pode ser posto em termos éticos, e punha em questão a relação entre entrevistadores e entrevistados quando mediada pela composição e pelos aparatos audiovisuais, assim como o uso futuro do material produzido. Outro dizia respeito ao método em si, e via na câmera um fator de "interferência" que alteraria a qualidade e a legitimidade da fonte produzida.

O incômodo conceituado em termos éticos vocalizava algumas suspeitas em uma só: de que o registro em vídeo tornava o material bruto produzido — a entrevista — suscetível a usos futuros inimaginados ou não antecipados pelo depoente e que, por causa disso, este eventualmente poderia ser prejudicado pelo (mau) uso de sua imagem.

A preocupação é legítima e relevante. O pressuposto é, no entanto, questionável. Havia por trás dessa lógica uma suposição de ingenuidade do entrevistado que o fragilizava: ele não compreenderia o funcionamento da linguagem visual. Contudo, em tempos de ampla disseminação de mídias audiovisuais, bem como da banalização de aparelhos de filmar cada vez mais portáteis e acessíveis, ingenuidade talvez fosse pressupor a falta de familiaridade dos entrevistados com o registro da imagem em vídeo. Ademais, uma das marcas do acervo de História Oral do CPDOC é o perfil de seus entrevistados, geralmente caracterizado em termos de "elites". Presidentes, juristas, ministros, empresários, cineastas, cientistas, líderes políticos: a maior parte dos entrevistados pelo CPDOC tem em comum a projeção pública. Os entrevistados do projeto MCSB não fogem a essa regra. Trata-se de intelectuais com carreira pública, acostumados não só a dar aulas para grandes plateias, mas também a opinar sobre conjunturas e fazer análises em programas de TV ou em entrevistas filmadas.

A situação da filmagem evidentemente pressupõe uma assimetria. Aquele que filma e que, mais tarde, editará e disponibilizará o material filmado está em posição de poder em relação ao personagem. O mesmo, contudo, vale para a entrevista registrada só em áudio. Evitar filmar a entrevista, portanto, não parece uma solução.

A responsabilidade se recoloca; se faz repensar. A consciência em relação ao poder que detém aquele que filma e dos cuidados que deve ter no tratamento final dado às imagens são imperativos que reeditam e renovam o compromisso fundamental do CPDOC com a produção de fontes históricas.

**Figura 1**
**Entrevista do projeto MCSB com Gilberto Velho. Um auditório foi rearranjado para acomodar a entrevista, feita por cinco pesquisadores e por uma equipe de filmagem com três pessoas**

Fonte: Foto de bastidores tomada por Arbel Griner na entrevista de 13 de agosto de 2009 com Gilberto Velho. FGV CPDOC. Outros registros e nome da equipe técnica presente disponíveis em: http://cpdoc.fgv.br/sites/default/files/cientistas_sociais/gilberto_velho/TranscricaoGilbertoVelho.pdf.

No caso do PHO, as entrevistas são sempre seguidas da assinatura de uma carta de cessão. O termo prevê a doação ao CPDOC do material gerado na interação, mas está longe de acomodar a questão e silenciar a conversa que tem início com a entrevista. Depois de transcritas, as entrevistas passam por uma conferência de fidelidade, que visa a comparar em detalhe a equivalência entre a transcrição e o material gravado. Nesse processo, notas explicativas podem ser produzidas com o intuito de clarificar menções a nomes, lugares e situações ou eventos, de modo a aprofundar a contextualização do que é dito. Quando o entrevistador assim deseja, a transcrição da entrevista lhe é então enviada, para que reveja seu conteúdo não apenas em termos de fidedignidade, mas também com olhar atento para eventuais falas que lhe podem ser prejudiciais. Não é raro a cessão só ser assinada pelo depoente depois de reler a entrevista e de pedir que ajustes sejam feitos nela.

Esses ajustes na transcrição, feitos pelos entrevistados, indicam caminhos para a edição em vídeo e inauguram um diálogo complexo entre texto e imagem. A cena se complexifica e convida à reflexão, portanto. É possível ajustar o texto de modo que o depoente seja lido conforme deseja. No vídeo, a edição é mais fácil de rastrear, evidenciando a dimensão de fabricação da fonte. As entrevistas do MCSB, assim como as dos demais projetos que passaram a ser filmados desde então, são disponibilizadas em edição audiovisual na *web*, para o grande público, junto à transcrição editada da entrevista original. Se consultadas ambas as fontes, é possível identificar que o tom coloquial adotado pelo depoente na interação com o entrevistador pode ser lapidado para se conformar à norma culta na transcrição, por exemplo.

Não que a imagem e o som também não se imponham muitas vezes. Alguns trechos que parecem ótimos na transcrição não ficam com a imagem boa, ou seu áudio é de difícil compreensão. O cuidado do pesquisador para com o material que ajudou a gerar ganha outras dimensões no audiovisual. Além das informações dadas na entrevista que podem fragilizar o entrevistado, sua imagem no sentido mais estrito do termo também é supervisionada pela equipe técnica. Se o depoimento exclusivamente sonoro que era editado e publicado em forma impressa já apagava eventuais ruídos gerados na gravação de áudio, no audiovisual, que é técnica e fim, a dimensão do que queremos que seja visto ou ocultado visualmente superpõe-se à ponderação do que deve ser lido e ouvido.

Ainda no que diz respeito à posição supostamente fragilizada do depoente, o projeto MCSB é um caso particularmente subversivo da premissa a respeito do poder do entrevistador. Neste projeto, pesquisadores entrevistavam seus pares e seus mestres. Sua posição relativa certamente redobrava seu constrangimento, deferência e senso de cuidado em relação ao resultado final: a exposição dos depoentes.

A partir de nossa experiência, podemos acrescentar que o registro do ambiente onde a entrevista foi realizada, de expressões faciais,[12] de posturas corporais e de um certo "clima" do encontro — para usar uma expressão evidentemente imprecisa, porém absolutamente presente em nossa experiência — permite trazer mais elementos do cenário original da entrevista. Numa palavra, estamos falando do *contexto* da entrevista, sempre inapreensível por completo, mas certamente mais matizado quando filmado, se comparado com o registro exclusivamente sonoro. Com a entrevista exclusivamente ouvida ou transcrita (e eventualmente editada e impressa), tal contexto é em grande parte perdido ou mencionado *a posteriori* (numa publicação impressa, por exemplo), possivelmente

---

12 A crítica de Escorel à falta de entrevistas filmadas no acervo do CPDOC, anteriormente reproduzida, menciona justamente a "expressão do rosto" como uma importante dimensão que se perde no registro exclusivamente sonoro. Ver, a esse respeito, Simmel (2014:622-637).

entrevistado e equipe entrevistadora. Filmar pressupõe, nesse sentido, uma responsabilidade ética em relação àquele que se filma, e também àquele que assiste.[13, 14]

**Figura 3**
**Filmagem de Gilberto Velho no "Jardim das Princesas" do Museu Nacional da UFRJ, no intuito de registrar o espaço de reflexão do antropólogo**

Fonte: Registro de bastidores realizado por Karina Kuschnir, set. 2009. FGV CPDOC.

---

13 Ver, a esse respeito, Griner (2010). Ver também Nichols (2010).

14 Há projetos que, diferentemente do MCSB, priorizam o registro do contexto, explorando a fabricação da história justamente a partir da interação entre entrevistado, entrevistador e espaço. Para mencionar apenas dois entre outros possíveis, destacamos os projetos "Narradores Urbanos" e "Attentats du 13 Novembre 2015: des vies plus jamais ordinaires" como tentativas de registro da cidade, ou do espaço de intervenção dos entrevistados e sobre eles. Em alguns trabalhos com alunos da graduação do CPDOC, exploramos e filmamos espaços de trabalho dos cientistas sociais, como suas casas, escritórios, universidades.

O último argumento que se levantava contra a realização de entrevistas filmadas no PHO do CPDOC dizia respeito a um tema central da metodologia da pesquisa social: o "problema da interferência".[15] Supunha-se que a presença da câmera de filmar diminuiria o grau de intimidade ou espontaneidade da entrevista e, portanto, a qualidade da fonte produzida. O uso apenas do gravador, por outro lado, por ser um objeto menor e de mais fácil operação, facilitaria que os entrevistados como que se esquecessem de que estavam sendo gravados, ou que não se preocupassem com o registro de sua aparência e de seus gestos, ficando assim mais à vontade para conversar com os entrevistadores.

Mais à vontade para quê?, perguntamos. Para revelar uma suposta intimidade, mais real ou autêntica, produtora de um conteúdo mais verdadeiro? Ou, num nível mais empírico, em que experiência concreta de pesquisa e reflexão essa interdição estaria fundamentada? Ela se aplicaria ao nosso objeto de pesquisa? Se tínhamos recursos que permitiam filmar as entrevistas, por que não o fazer?

Uma longa discussão em torno da interferência gerada pelo equipamento de registro da entrevista pode ser lembrada, nesse sentido. Para não irmos tão longe na perspectiva temporal, e para permanecer no âmbito do registro audiovisual, podemos mencionar como marco a década de 1960: o debate sobre possibilidades narrativas que a inaugurou, as conquistas tecnológicas que este debate gerou (é então que se consolida o uso de equipamentos leves o suficiente e que permitem sincronização direta entre imagem e som) e os dilemas éticos que daí seguiram. É neste período, que

---

15 A questão da "interferência" suscitada por técnicas e utensílios na produção de fontes históricas ou de etnografias e entrevistas é debatida em vasta literatura que não retomaremos aqui. Uma fonte importante para o presente texto é, no entanto, Gonçalves (2008).

em verdade nasce no fim da década de 1950, que se desenvolvem, para mencionar apenas alguns movimentos, o Cinema Direto americano, o Cinema Verdade de Jean Rouch, a Nouvelle Vague francesa e o Cinema Novo brasileiro.

O grupo fundador do Cinema Direto americano, por exemplo, reuniu-se no fim dos anos 1950 em torno da missão de conferir som e movimento às imagens consideradas espontâneas, verdadeiras e legítimas (*candid*, em inglês) que a *Life Magazine* almejava imprimir a suas edições.[16] Seus esforços redundaram no desenvolvimento de um equipamento inovador que permitia a sincronização de imagem e som, conectando, por meio de um cabo, a agora bem mais leve câmera a um gravador. O Cinema Direto americano imaginava que, com o novo equipamento, seus técnicos podiam "desaparecer" e captar a "realidade", nua e crua, a desvelar-se diante da câmera.[17]

O documentarista brasileiro João Moreira Salles critica essa ingenuidade, que identifica como pecado original do cinema de observação americano.[18] De acordo com Salles, "a competência dos equipamentos [de captação de som e imagem] é tanta" que, quando operados pela ótica objetiva do Cinema Direto, criam um problema ético maior. Não se está "atento ao eventual ludíbrio". Para Salles, "não se observa o observado [aquele que se filma], mas a forma como o observado se deixa observar",[19] e o Cinema Direto parece não problematizar isto. Ele se torna refém da estrutura dramática, e depende sempre do desenrolar de uma crise para se

---

16 Entrevista inédita com Amir Labaki para o documentário *A cândida câmera — Robert Drew* (2005), em produção. Consultada por gentileza de Amir Labaki e mediação de Eduardo Escorel.

17 A este respeito, ver Stubb (2002).

18 João Moreira Salles, aula para a primeira turma de pós-graduação em cinema documentário da FGV, 10/11/2005. Notas pessoais de Arbel Griner. Ver também Salles (2005).

19 Salles, aula para a Pós-Graduação em Cinema Documentário da FGV, 10/11/2005.

viabilizar. O diretor, nesse tipo de cinema, se oculta, o que, para Jean-Luc Godard, de acordo com Salles, representa uma atitude servil ante o mundo.

A câmera do Cinema Verdade francês abole o *zoom*, o plano fechado do Cinema Direto, centrado no drama pessoal, e abre a lente para mostrar uma nova realidade: aquela que acontece na interação, no filme, e que, portanto, só é possível dentro dele. Para o antropólogo Jean Rouch, talvez o maior expoente do Cinema Verdade francês, a "realidade" que se captura só pode ser aquela que se produz na interseção ou interação entre câmera, fotógrafo e aqueles que, do outro lado, interagem com os dois.

De há muito que concepções epistemologicamente ingênuas são contestadas nas ciências sociais, prevalecendo a percepção de que é impossível não haver interferência e vieses na pesquisa social. Muito pelo contrário, é preciso perceber que a interferência não é um obstáculo à pesquisa, e sim justamente um meio de a concretizar e historicizar — em consonância, aliás, com a experiência interacional que constitui a base cotidiana dos fenômenos sociais. Como o filósofo Alfred Schutz (1979) chamou a atenção de forma clara, a especificidade das ciências sociais está no fato de que o campo de observação do cientista social — a realidade social — tem um significado prévio para ele próprio e para as pessoas que são objeto da investigação. A própria interação social pressupõe, portanto, a interferência mútua de uns nas ações de outros, a partir da interpretação que uns fazem das ações alheias.

Nesse sentido, e mais alinhados com Rouch, preferimos pensar a câmera *não* como elemento de interferência, mas em termos de presença e (particip)ação. Como partícipe e agente, a câmera reconfigura a interação, e coloca consequências éticas específicas a se considerar. Não é claro o resultado final do uso de uma câmera em contraste com o de um gravador de áudio. O entrevistado ou os entrevistadores ficam menos "à vontade"? Se sim, em que sentido, e como isso afeta o material produzido? Questões como essas não podem ser respondidas *a priori*, sem que se façam reflexões sobre experiências concretas. Toda inovação exige experimentação, e cremos que o projeto MCSB tem sido um laboratório privilegiado de realização e aprendizado.

Discussões sobre o efeito decorrente do uso de equipamentos em entrevistas sempre existiram. A simples tomada de anotações pelo entrevistador durante a entrevista, uma situação solene e que desestabiliza a ideia de espontaneidade, já muda um estado anterior, e distingue-se do diálogo informal não mediado pelo registro documental. As primeiras entrevistas realizadas com o uso de gravadores originaram discussões sobre a interferência do aparato tecnológico no processo de entrevista. A história da tecnologia mostra que aparelhos para gravação de som eram inicialmente enormes, pesados e de difícil utilização e manutenção, e que, contudo, foram progressivamente dando lugar a gravadores cada vez menores, leves e simples de usar, chegando mesmo ao uso difundido de aparelhos celulares, e a discussão sobre a questão da interferência parece ter, se não diminuído, mudado seu foco.

Além disso, é importante perceber que o uso social desses aparelhos se tornou difundido e naturalizado na sociedade em geral, incluindo aqueles que eram entrevistados. No entanto, esses equipamentos sempre estavam lá, presentes na entrevista, como aparatos mediadores mais ou menos visíveis. No caso do registro audiovisual, a exemplo do que ocorreu com o gravador, câmeras enormes e de difícil manejo também foram dando lugar a equipamentos de vídeo, primeiro analógicos, depois digitais, cada vez menores, mais baratos e de uso mais fácil, a cuja presença as pessoas crescentemente se acostumaram. É preciso, portanto, historicizar a própria história da História Oral.

## Especificidades e dilemas do registro audiovisual: o que a experiência tem nos ensinado

Reconhecemos plenamente a diferença de graus e de qualidade na interferência na pesquisa social, e que ela precisa ser cuidadosamente regulada, nos atos de registro de informação, e não menos cuidadosamente sujeita a exame reflexivo, nas fases de interpretação e análise dessa informação. Não queremos de forma alguma transmitir a ideia de que pensamos que em todas as situações a entrevista filmada seja melhor que a registrada apenas em áudio. Tudo depende do objetivo da pesquisa. Alguns entrevistados podem se sentir incomodados ou explicitamente recusar o registro visual, embora isso não tenha acontecido em nossa pesquisa. Há, além disso, questões práticas relacionadas com a disponibilidade de equipamentos, recursos e pessoal qualificado para produzir o registro.

Gostaríamos, contudo, de inverter a pergunta que foi feita várias vezes sobre o porquê de filmar as entrevistas, e questionar: caso não haja algum motivo claro para não filmar entrevistas, *por que não as filmar*?

O que temos claro, a partir de nossa experiência, é que a entrevista audiovisual demanda um certo grau de *aprendizado* por parte tanto de entrevistados quanto de entrevistadores. Mas, em nenhum caso, notamos comprometimento da qualidade da entrevista por ter sido filmada. Pelo contrário: o formato que utilizamos acabou por se revelar muito favorável. Como toda inovação, as entrevistas filmadas provocaram dificuldades, levaram a improvisos e resultaram em soluções mais ou menos bem-sucedidas.

Em primeiro lugar, as entrevistas audiovisuais passaram a contar com um número maior de pessoal. Além de quem entrevistava, havia ao menos uma pessoa que filmava. Apesar da formalidade da entrevista, não raras vezes a equipe técnica ajudou os pesquisado-

com a situação de produção sendo descrita com menos textura e densidade. Nesse sentido, podemos afirmar que a filmagem mais protege do que ameaça os entrevistados.

**Figura 2**
**Entrevista com Boaventura de Souza Santos — imagem tomada em seu gabinete, na Universidade de Coimbra, após a entrevista, no intuito de registrar o ambiente de trabalho do sociólogo**

Fonte: Site *Memória das Ciências Sociais em Portugal*; página da entrevista com Boaventura de Souza Santos. Disponível em: http://cpdoc.fgv.br/cientistassociais/portugal/boaventura. Imagem tomada por Celso Castro. FGV CPDOC.

Para muitos cineastas documentaristas, o registro do ambiente da entrevista e das condições da interação que ali se produzem é essencial. É uma forma possível de contextualizar a interlocução e de acrescentar camadas à complexidade do depoente, prestes a se transformar em personagem, uma posição potencialmente "chapada" e caricata. É também levar em conta o espectador; um modo de informar-lhe a respeito das condições do encontro entre

res com perguntas aos entrevistados, ampliando as possibilidades de produção de informação. Tanto quanto foi possível aferir, pelo comportamento dos entrevistados e pelo conteúdo de suas entrevistas, isso não produziu inibição ou perturbação. Isso pode se dever em parte à nossa preocupação de explicar claramente o que pretendíamos fazer, como a entrevista ocorreria e que passos se seguiriam. Conforme já mencionado, tínhamos a facilidade de entrevistar pessoas com senioridade acadêmica e muita experiência de expressão pública — inclusive alguns com muita experiência "midiática" —, e, ainda, a vantagem de o tema lhes ser obviamente familiar. Além disso, procedemos à preparação cuidadosa da situação de entrevista, incluindo o local, a disposição espacial e os equipamentos e o treinamento dos assistentes e dos próprios pesquisadores, também eles aprendizes dessa nova modalidade de entrevistas.

Filmar as entrevistas nos obrigou a um dispositivo logístico e tecnológico relativamente complexo: gravadores de áudio para *backup* de segurança, câmera de vídeo, preocupações com o som, a iluminação e a disposição de mobiliário e objetos, o espaço e ângulo para a câmera, o fundo da entrevista. Essa fabricação nem sempre funcionou sem problemas. Por vezes, surgiram falhas técnicas. É um domínio em que foi preciso adquirir mais segurança e experiência do que quando se usa exclusivamente um gravador, tanto em relação ao uso dos equipamentos quanto aos procedimentos a serem adotados.

Uma dimensão importante em nossa experiência foi que a equipe de pesquisadores-entrevistadores às vezes se torna hierarquicamente "submetida" à equipe técnica que participava da entrevista. Isso ocorre em especial na fase preparatória da entrevista. É importante que os preparativos e cuidados relacionados com o som, a posição das câmeras, o cenário sejam tomados antes da realização da entrevista. A este respeito, o retorno da equipe de edição audiovisual também tem um papel importante. É no processamento das imagens para sua disponibilização ao grande público que muitas questões técnicas se evidenciam.

A gravação de qualquer entrevista, mesmo apenas em áudio, requer planejamento e cuidados técnicos. No caso de nossas entrevistas filmadas, havia um conjunto maior de equipamentos que deveriam estar presentes, como câmera, tripé e microfones. No caso das entrevistas realizadas no estúdio do CPDOC, as condições eram muito mais controladas. Quando as entrevistas eram feitas fora do CPDOC, contudo — na casa dos entrevistados, em seu local de trabalho ou em lugares públicos —, essas condições eram mais difíceis de controlar, e uma *check list* relativamente extensa e detalhada de equipamento se fazia necessária para que nada faltasse à filmagem.

Outras precauções, de ordem mais geral e também comuns a qualquer entrevista, mas que talvez assumam uma importância maior no caso dos registros audiovisuais produzidos a partir da lógica já adotada dentro do PHO, são: tentar moderar reações às respostas do entrevistado com sinais sonoros ou movimentos corporais, bem como complementações ou antecipações às suas respostas; respeitar o tempo de resposta do entrevistado, mesmo em momentos de longos silêncios. Por outro lado, estar atento para "reconduzir" o entrevistado ao foco da entrevista caso ele se perca ou peça ajuda para o entrevistador. Se demandam um grau de atenção e cuidado por parte dos entrevistadores, esses cuidados não devem, no entanto, ser rígidos a ponto de "engessarem" a entrevista. Pequenas "falhas" e ruídos sonoros e visuais são inevitáveis, porém não comprometem o resultado final. Em verdade, por trás da entrevista que prioriza apenas o registro sonoro da fala do entrevistado e a suposta minimização da intervenção do entrevistador, há menos uma premissa "tecnicamente correta" do que uma opção estética e estilística de especificidades que exigem uma reflexão e cuidados próprios.

Embora o enquadramento das filmagens seja feito basicamente num único plano que focaliza o entrevistado, nos preocupamos em registrar, mesmo que em um só plano geral, breve e inicial, imagens dos pesquisadores presentes; procuramos registrar, por meio de fotografias, toda a equipe que participa das entrevistas, incluindo técnicos e assistentes; e, muitas vezes, filmamos alguns momentos posteriores à conclusão da entrevista. Em alguns poucos casos, no início do projeto, utilizamos duas câmeras, para termos dois planos de filmagem, mas optamos por não continuar esse procedimento devido à redundância do material e ao custo posterior de processamento e armazenagem. Fomos também aprendendo, à medida que o material produzido era revisitado, quais planos não funcionavam bem e quais cuidados deviam ser tomados em relação a cenário, som, luz e enquadramentos. A cada entrevista a equipe aprendeu um pouco mais, tornando-se mais fluente e experiente em relação aos procedimentos a serem adotados, que se tornaram assim cada vez mais naturalizados — e, ao mesmo tempo, opções sempre passíveis de serem revisitadas e refeitas. Nesse percurso, aprendemos que, no caso do MCSB, a entrevista e o entrevistado se sobressaíram como elementos focais, ficando o registro do contexto, versões que contestam a do entrevistado, os entrevistadores, o ambiente em segundo plano — e às vezes mesmo fora de plano.

## Um balanço do projeto, 15 anos depois

Nosso objetivo final com o projeto MCSB sempre foi a constituição de um acervo documental que ficaria depositado numa instituição arquivística e que, após o tratamento do material, seria aberto à consulta para outros pesquisadores, acessível pela internet.

Nesse sentido, é importante voltar a reforçar que as entrevistas do MCSB dialogam, antes de mais nada, com a tradição do PHO do CPDOC e com o acervo já constituído em seu âmbito. Apesar de se desenvolver em conversa com o cinema documentário e de ter no registro audiovisual seu ponto central de inovação e de reflexão, o MCSB mantém como estrutura central a entrevista — que se torna, deste modo, um limite para sua exploração e para a reapropriação das imagens que gera. Audiovisual é, portanto, um novo recurso, mas ainda não completamente explorado em suas potencialidades de expressão e mesmo de mediação. Não há uma equivalência de objetivos do MCSB e do cinema documentário. Tampouco coincidem totalmente seus métodos de trabalho. O cinema documentário e suas discussões internas servem de referência para o desenvolvimento do projeto e da reflexão que engendra, assim como contraponto para as possibilidades que gera.

Em um balanço do projeto, 15 anos depois de iniciado, constatamos algumas preocupações que permanecem centrais. Primeiramente, a intenção de produzir um acervo de grande porte, com características técnicas e facilidade de disseminação inexistentes em relação ao mundo das ciências sociais no Brasil, tanto no que diz respeito à abrangência temática, quanto à quantidade de material produzido e a capacidade de tratamento e acessibilidade. Assistentes, técnicos e alunos de graduação e pós-graduação do CPDOC foram engajados na pesquisa. Nossa boa presença na *web* facilita a disponibilização *on-line* do material filmado e oferece uma grande capacidade de difusão dos resultados da pesquisa.

Dessa preocupação primária em constituir um acervo é que derivou a utilização de um roteiro amplo o suficiente para dar conta de questões que transcendessem o somatório dos interesses individuais de pesquisa de cada membro da equipe. Essa justificativa pode parecer "modesta", no sentido de que coloca os entrevistadores acima de tudo como "meros produtores" de um acervo que será de uso coletivo. No entanto, nunca fomos ingênuos de supor que nossas opções prévias ou nossa performance nas entrevistas, assim como o tratamento que daríamos ao material, fossem isentas de pressupostos e de apostas mais ou menos conscientes e certamente ambiciosas.

O cenário de transformações históricas e sociais de grande alcance que colocou novos — e enormes — desafios ao que foi feito até agora para todas as instituições que atuam na área de documentação também se impôs como preocupação central às imagens produzidas no âmbito do MCSB. Destacaremos três desses desafios: o suporte digital das informações, a universalização da internet e a expansão de mídias visuais na sociedade em geral. O mundo das informações tornou-se rapidamente digital,[20] e a internet é inquestionavelmente o grande meio de transmissão dessas informações, que crescentemente têm incorporado e valorizado documentos audiovisuais. São fenômenos profundamente interligados entre si, e que nos obrigam a ter uma visão estratégica holística de como enfrentá-los, não apenas em relação ao material resultante de nosso projeto específico, mas em todas as áreas em que atuamos como um centro de documentação histórica.

É preciso ainda fazer avançar muito, e rapidamente, nossa presença e *expertise* em relação a esse cenário. Como identificar e integrar informações geradas em diferentes suportes — texto, foto, áudio e vídeo — que agora devem tornar-se digitais e disponibilizadas, o máximo possível, pela internet? Quais são os outros meios,

---

20 No CPDOC, em 2006 as entrevistas passam a ser gravadas digitalmente, e nos anos de 2008 e 2009 todo o acervo sonoro é digitalizado.

além da *web*, que podem ser considerados privilegiados quando imaginado o acesso futuro à documentação que temos produzido? O que fazer para continuarmos sendo uma instituição pioneira e de referência nas metodologias de organização de arquivos e na produção, arquivamento e disponibilização de fontes históricas como as entrevistas de história oral? Como sermos inovadores também na área de ensino, produção de material didático, educação patrimonial e divulgação científica? Esses são os maiores desafios do CPDOC para os próximos anos, e que nosso projeto ajudou, se não a resolver, ao menos a revelar de maneira mais matizada.

Entendemos que o projeto Memórias das Ciências Sociais no Brasil, como iniciativa pioneira a ter o audiovisual como método, ponto de reflexão e formato final, foi uma aposta de resultados positivos. Esta iniciativa não apenas ampliou o acesso às fontes históricas produzidas pelo CPDOC e as possibilidades de serem reinterpretadas, como nos colocou com mais clareza diante dos desafios de nos mantermos como instituição inovadora e de referência na era digital.

## Fontes audiovisuais e sua reapropriação

A subordinação, de certa forma, das imagens produzidas no âmbito do MCSB à rotina, às práticas e à agenda de prioridades do PHO não impediu, todavia, uma agenda ativa e paralela de reflexão sobre as imagens a partir de outros parâmetros. Os documentos do acervo histórico do CPDOC — além das entrevistas, cartas, fotografias, filmetes, bilhetes e assim por diante — têm sido reapropriados por pesquisadores, sejam historiadores, cientistas sociais ou cineastas, desde sua criação. Tal prática tem servido à produção e a reavaliações de uma história pública, política, coletiva, manifesta em suportes que vão dos livros acadêmicos e didáticos aos dossiês temáticos e documentários.

Se até o momento temos mais a dizer sobre a produção de fontes audiovisuais que sobre seu uso, muito há ainda por experimentar. Podemos sinalizar a facilidade de acesso a essas novas fontes que seu suporte digital e sua presença na internet facultam. Podemos dizer também que, por associarem áudio e vídeo em formato de entrevista, tendem a ter imagens menos coadjuvantes ou ilustrativas que as fotografias, por exemplo. A não ser que o entrevistado ou a cena da entrevista sejam "cobertos" com outras imagens, e que se utilize apenas o som, essas novas fontes tendem a ser consideradas — embora não necessariamente — peças monolíticas de informação. Seu *status* de fontes históricas também tende a contribuir para esse enrijecimento.

A filmagem das entrevistas de história oral tem sido explorada por professores e alunos do CPDOC, e sobretudo estimulada pelo Núcleo de Audiovisual e Documentário. Suas coordenadoras têm proposto atividades com uso desse material (combinado a outros, como novas entrevistas, documentos obtidos com entrevistados, imagens produzidas por alunos para ilustração de filmes etc.) nos cursos que oferecem ou nas oficinas anuais de Produção Audiovisual, oferecidas desde 2014 e criadas justamente com o fim de tornar mais conhecido e explorável o acervo histórico do CPDOC.[21]

As entrevistas filmadas ainda estão por ser reapropriadas por cineastas, e nosso intuito é que sejam cada vez mais exploradas por professores, pesquisadores e alunos não formalmente ligados ao CPDOC. Teremos mais a dizer a respeito de reapropriação à medida que isso acontecer. Em abril de 2019, foi oferecida a primeira oficina "Audiovisual em sala de aula: ensino e realização",

---

21 Mais em: https://cpdoc.fgv.br/nucleoAD.

para professores de escolas públicas e privadas que atuam no ensino fundamental e médio. Enquanto isso, do lado de cá, nossa intenção é a de continuar explorando cada vez mais os potenciais do audiovisual, produzindo novas entrevistas, filmes e reflexões sobre o impacto e os desdobramentos desta prática.

## Referências

ESCOREL, Eduardo. *Vestígios do passado*: acervo audiovisual. CPDOC — 30 anos. Rio de Janeiro: Editora FGV, 2003, p. 45-57.

GONÇALVES, Marco Antônio. *O real imaginado* — etnografia, cinema e surrealismo em Jean Rouch. Rio de Janeiro: Top-Books, 2008.

GRINER, Arbel. *A estética da ética* — uma análise do cinema documentário de Eduardo Coutinho, Eduardo Escorel e João Salles. Dissertação (mestrado) — Programa de Pós-Graduação em Sociologia e Antropologia, Instituto de Filosofia e Ciências Sociais, Universidade Federal do Rio de Janeiro, Rio de Janeiro, 2010.

LEANDRO, Anita. A história na primeira pessoa: em torno do método de Rithy Panh. *E-Compós*, v. 19, n. 3, 2016. Disponível em: https://www.e-compos.org.br/e-compos/article/view/1279. Acesso em: 26 mai. 2022.

NICHOLS, Bill. *Introduction to documentary*. 2. ed. Bloomington; Indianapolis: Indiana University Press, 2010.

SALLES, João Moreira. A dificuldade do documentário. In: MARTINS, José de Souza; ECKERT, Cornélia; NOVAES, Sylvia Caiuby. *O imaginário e o poético nas ciências sociais*. Bauru: Edusc, 2005.

SCHUTZ, Alfred. *Fenomenologia e relações sociais*. Rio de Janeiro: Zahar, 1979.

SIMMEL, Georg. Digresión sobre la sociología de los sentidos. In: _____. *Sociología*: estudios sobre las formas de socialización. México: Fondo de Cultura Económica, 2014 [1907], p. 622-637.

STUBB, Liz. *Documentary filmmakers speak*. Nova York: Allworth Communications Inc, 2002.

# 2. História oral crítica sobre as origens da cooperação nuclear

*Rodrigo Mallea*
*Matias Spektor*

Durante as últimas três décadas, as disciplinas acadêmicas das relações internacionais e da história internacional apropriaram-se de métodos de história oral para avançar uma nova metodologia de pesquisa com entrevistas em profundidade. A chamada história oral crítica (*critical oral history*, em inglês) é um processo mediado por acadêmicos de deliberação coletiva entre os personagens que participaram de um evento histórico e os documentos históricos da época. O objetivo é criar um ambiente no qual personagens históricos possam comparar suas memórias e interpretações às de seus pares. Esse tipo de história oral é chamado de "crítica" porque a narrativa de cada personagem é confrontada não apenas com o escrutínio dos acadêmicos-entrevistadores, mas também com a documentação histórica disponível e a memória pessoal de outros participantes do processo histórico em questão.

A presença simultânea de vários indivíduos que participaram dos eventos estudados, documentos históricos e especialistas da academia tende a gerar uma discussão fértil sobre as causas e os efeitos das decisões históricas sob análise. Assim, sucessivas histórias orais críticas foram conduzidas para jogar luz nova sobre episódios tais como a Crise dos Mísseis, o colapso da détente entre Estados Unidos e União Soviética, a guerra do Vietnã, as crises na península coreana, o fim da Guerra Fria e a extensão indefinida do Tratado de Não Proliferação Nuclear.[1]

Em março de 2012, durante três dias consecutivos, o CPDOC sediou o primeiro exercício de história oral crítica sobre um tema central das relações internacionais da América Latina: o progressivo fim da rivalidade nuclear entre o Brasil e a Argentina. O resultado foi a publicação de *Origens da cooperação nuclear: uma história oral crítica entre Argentina e Brasil* (FGV e Woodrow Wilson International Center for Scholars, 2015), um livro eletrônico coeditado por Nicholas Wheeler, Rodrigo Mallea e Matias Spektor — além da edição em português, publicamos também versões em espanhol e inglês.

Essa não foi a primeira vez que um grupo de ex-negociadores argentinos e brasileiros discutiu a evolução da relação nuclear bilateral com o auxílio de acadêmicos. No passado, outras reuniões desse tipo avançaram o conhecimento existente sobre o tema (Leventhal e Tanzer 1992, Redick (1996), Albright e O'Neill 1996, e Doyle 1999).[2] No entanto, a conferência do CPDOC foi a primeira ocasião na qual os participantes tiveram acesso a documentos históricos que, até aquele momento, eram desconhecidos ou continuavam sob sigilo nos respectivos arquivos oficiais. Também pela primeira vez, esse encontro aplicou o método COH ao estudo das origens da cooperação nuclear entre os dois países.

O projeto uniu Nicholas Wheeler, um especialista britânico dedicado ao estudo da empatia como instrumento de transformação da segurança internacional, e a equipe do então Centro de Relações Internacionais da FGV, que se dedicava a identificar, selecionar e analisar documentos históricos sobre a política nuclear brasileira

---

1 Blight e Lang (2004); Blight (2007 e 2010); Blight, Kramer e Welch (1990); Scott e Smith (1984); Wohlforth (2003); Onderco e Nuti (2020).

2 Leventhal e Tanzer (1992); Redick (1996); Albright e O'Neill (1996); Doyle (1999).

e argentina em arquivos públicos e privados, além de realizar entrevistas de história oral e produzir novas teses, dissertações e livros sobre o assunto.[3]

Os preparativos da conferência incluíram as seguintes etapas. Primeiro, a equipe de pesquisa preparou revisões de literatura para estabelecer os parâmetros da entrevista coletiva. Na sequência, trabalhou-se na seleção de materiais nos arquivos listados a seguir: Archivo Histórico del Ministerio de Relaciones Exteriores y Culto (Argentina), Arquivo do Ministério das Relações Exteriores (Brasil), National Archives and Records Administration (Estados Unidos) e The National Archives (Estados Unidos). Além disso, a equipe consultou arquivos pessoais de indivíduos identificados ao longo do trabalho.

Nossa equipe produziu um livreto com os documentos selecionados que formaram a base da conferência. O livreto inclui artigos de jornal pertinentes e uma cronologia detalhada de eventos internos, bilaterais e internacionais que serviu de apoio para contextualizar os documentos, perfazendo quase 200 páginas de texto. Durante os meses anteriores à conferência, entrevistamos todas as pessoas que encontramos dispostas a falar sobre as origens da aproximação nuclear do Brasil e da Argentina. Feitas em Brasília, Buenos Aires, Rio de Janeiro e Washington, essas entrevistas preliminares nos permitiram desenvolver interpretações provisórias a serem testadas durante o encontro coletivo que aconteceria meses depois no Rio de Janeiro. Foi esse processo que nos permitiu montar uma lista de participantes potenciais e, em seguida, fazer o convite a nove pessoas, cuja relevância histórica era alta e cujo perfil facilitaria a condução de um debate animado. Todos os convidados aceitaram participar da empreitada, embora

3 Mallea (2012); Chaves (2014); Patti (2012).

duas pessoas tenham cancelado a participação na última hora por motivos pessoais inesperados.

A edição da entrevista para fins de publicação foi minimalista, limitando-se a tirar repetições, melhorar estruturas frasais típicas da linguagem oral e tornar uma conversação viva entre uma dúzia de participantes em um texto legível. Apagamos da transcrição referências aos procedimentos práticos do encontro, como as pausas para café e refeições. Em algumas ocasiões, adicionamos datas, nomes e lugares ao texto para facilitar a leitura. A conferência do Rio de Janeiro foi realizada em três idiomas — espanhol, inglês e português. No processo de tradução, tentamos ser fiéis não apenas àquilo que os participantes disseram, mas à forma como o disseram. As sessões foram gravadas e filmadas, produzindo um material que, esperamos, poderá ser utilizado futuramente por outros especialistas interessados em replicar a metodologia COH.

Esse método de pesquisa demanda alguns cuidados especiais. É comum, em uma entrevista de história oral com atores políticos, encontrar depoentes que enunciam suas respectivas narrativas de olho naquilo que julgam ser ou gostariam que fosse seu legado histórico. Desse modo, nossa equipe de pesquisa ficou atenta à prática da "'reconstrução estratégica", quando eventos passados são apresentados de forma enviesada, com vistas a produzir conclusões positivas a respeito do presente ou do futuro de quem narra a história. A forma de mitigar os efeitos negativos dessa tendência comum à história oral é explorar ao máximo as diferenças entre os participantes, desafiar suas interpretações sobre eventos históricos específicos e, sempre que possível, pedir aos depoentes que comentem em detalhe a documentação histórica disponível. Nesse caso específico, vale notar que, antes do encontro, nenhum dos participantes tivera a oportunidade de refletir sistematicamente sobre as origens da cooperação nuclear entre Argentina e Brasil.

Isso vale inclusive para Oscar Camilión e Luiz Felipe Lampreia, os dois participantes da conferência com livros de memória publicados (Camilión, 1999; Lampreia, 2010).

Nossa abordagem em relação às técnicas de entrevista foi pragmática. Na medida do possível, testamos argumentos conflitantes e instigamos cada participante a oferecer evidências para sustentar seu relato. Também fizemos perguntas contrafactuais como: "Qual teria sido o efeito de uma decisão alternativa à decisão que foi efetivamente tomada em determinado momento histórico?" Sempre que encontramos resistências aos nossos questionamentos, insistimos, perguntando a mesma coisa de modo indireto. Fizemos numerosas perguntas de seguimento às respostas iniciais dos depoentes e, como regra geral, baseamos o roteiro de perguntas nos documentos selecionados, que os convidados haviam tido chance de ler antes do encontro.

O maior obstáculo metodológico que encontramos foi a tendência dos participantes a reconstruir o passado no sentido de argumentar que o processo de cooperação teria sido natural e progressivo. Os documentos históricos mostram, no entanto, que não foi esse o caso. Pelo contrário, o resultado da cooperação não foi óbvio nem natural, muito menos progressivo. A história foi marcada por percalços, recuos e hesitação.

É fácil entender por que os depoentes tendem a reconstruir estrategicamente o passado. Ao apresentar a evolução da cooperação em tom positivo, eles ajudam a defendê-la e validá-la diante daqueles atores que, ontem e hoje, a viam com reservas. Além disso, a reconstrução do processo com ênfase na ideia de união entre as partes ajuda funcionários de um e outro governo a cerrar fileiras contra eventuais dúvidas a respeito do compromisso de Brasil e Argentina com a não proliferação. Para contrabalançar essa tendência, o grupo de acadêmicos durante a conferência adotou o papel de "advogado do diabo", fazendo intervenções pontuais durante todo o encontro para sofisticar a conversa.

Uma preocupação recorrente de nossa equipe de pesquisa durante os três dias da reunião foi a de criar espaços para a informalidade entre os participantes, com vistas a facilitar o diálogo entre eles. Com esse fim, introduzimos longas pausas para cafés, almoços e jantares informais. Os participantes falaram em suas línguas originais, mesmo quando possuíam conhecimento dos outros idiomas de trabalho. Uma equipe de intérpretes esteve presente ao longo de toda a conferência, mas ausente nos intervalos e refeições.

O moderador comunicou-se com cada participante em seu respectivo idioma. Como responsável por iniciar as conversas em cada sessão e insistir com suas perguntas até obter respostas satisfatórias (e não meramente alinhadas às narrativas oficiais) do grupo de depoentes, ele foi obrigado a improvisar, reformulando perguntas quando necessário. Para facilitar o processo, uma equipe de pesquisa de acadêmicos, mestrandos e doutorandos esteve conectada, durante todo o encontro, por meio de um programa de mensagens eletrônicas em tempo real. À medida que os depoentes falavam, a equipe sugeria novas perguntas ao moderador, chamando sua atenção para contradições na narrativa dos participantes e, de modo geral, ajudando-o a conduzir uma conversa produtiva.

Um dos efeitos dessa história oral crítica foi incentivar nossa equipe a oferecer treinamento especializado a pesquisadores da área de relações internacionais no estudo de documentos históricos e na produção de entrevistas de história oral. Durante os anos seguintes à conferência, nossa equipe ofereceu sucessivas versões da "Oficina de Métodos de Pesquisa de Pós-Graduação: Entrevistas em Profundidade em Ciência Política e Relações Internacionais" (28 de novembro de 2017).

O que aprendemos com este exercício a respeito das origens da cooperação? A história oral crítica permitiu-nos confrontar as explicações então existentes a uma série de ajustes e precisões que teria sido inviável sem o trabalho da entrevista coletiva. A narrativa resultante pode ser sintetizada da seguinte forma.

A partir da década de 1980, um inusitado processo de cooperação nuclear revolucionou a relação bilateral entre Brasil e Argentina. Os dois governos impuseram limites antes inexistentes a seus respectivos programas nucleares e reescreveram suas doutrinas de segurança nacional, transformando o vizinho de rival em parceiro. Criaram-se mecanismos formais para a geração de confiança mútua, como foi o caso das "inspeções cruzadas", método pelo qual inspetores de um país avaliam as instalações nucleares do outro. As duas diplomacias também iniciaram um processo de coordenação das respectivas políticas nacionais de não proliferação e desarmamento em foros multilaterais, aproveitando suas ressalvas comuns, à época, ao Tratado de Tlateloco (1967) e ao Tratado de Não Proliferação de Armas Nucleares (TNP, 1968). Essa dinâmica transformou o ambiente regional na América do Sul como um todo, abrindo o caminho para o comércio mais livre e para a consolidação dos regimes democráticos. Poucos anos depois, Brasil e Argentina dariam início a exercícios militares conjuntos, iniciativa até então inimaginável. Atraídos pelo novo eixo argentino-brasileiro, outros países sul-americanos, como Paraguai e Uruguai, também avançariam em direção a níveis de integração regional antes inexistentes.

No entanto, a evolução do relacionamento argentino-brasileiro na área nuclear não fluiu de maneira desimpedida ou óbvia. Em ambas as capitais, houve doses de desconfiança mútua ao longo de todo o processo. Isso ocorreu porque havia vozes para as quais o desenvolvimento tecnológico do vizinho poderia extrapolar o campo das atividades estritamente pacíficas. Assim, o arrefecimento das desconfianças foi lento, marcado por reveses e produto da disposição de lideranças políticas em ambos os países de assumir riscos.

As primeiras conversas entre funcionários argentinos e brasileiros a respeito da possibilidade de cooperação bilateral no campo nuclear tiveram início na década de 1960. Passaram-se mais de 10 anos, porém, até que o assunto ganhasse impulso decisivo. Apenas em finais da década de 1970 um grupo de indivíduos viabilizou a adoção de compromissos formais conjuntos na matéria.

É importante notar que esse processo teve início antes da redemocratização. A cooperação nuclear argentino-brasileira é um caso de reconciliação entre dois rivais governados por regimes autoritários que talharam iniciativas diplomáticas para gerar mais aproximação bilateral antes mesmo de suas sociedades desenvolverem interdependência social e econômica, e antes de assistirem ao retorno de governos civis e eleitos pelo voto popular. Foram os regimes militares, com iniciativas discretas, porém decididas, que deram os passos iniciais em direção a uma "paz estável" entre os dois principais países da região.[4]

Chama a atenção que a cooperação nuclear deslanchasse no momento em que o ambiente de segurança sul-americano parecia estar em franca deterioração. Afinal, quando decidiram cooperar, ambos os países trabalhavam com afinco para desenvolver tecnologias de enriquecimento de urânio e reprocessamento, e construir mísseis de médio e longo alcance. A imprensa internacional da época noticiava o caráter possivelmente bélico dos respectivos programas nucleares, e agências de inteligência mundo afora consideravam o Brasil e a Argentina países propensos a avançar na criação de programas de armas atômicas.

---

4 Reiss (1995); Redick (1996); Barletta (1999); Fabbri (2005); Mallea (2012).

Além disso, Argentina e Brasil travavam uma batalha feroz pelo direito ao uso de rios internacionais para projetos de infraestrutura na bacia do Prata. O conflito arrastava-se desde a década de 1960, mas ganhou intensidade em 1973, quando o Brasil prosseguiu com seus planos de construção da Usina Hidrelétrica de Itaipu, no rio Paraná, sem consulta prévia à Argentina, país ribeirinho. O embate contaminou o ambiente bilateral e produziu fricção constante entre as delegações dos dois países nas Nações Unidas e em foros regionais. Até 1979, quando as partes encontraram uma solução, a disputa foi um empecilho à formalização de uma política de parceria entre os dois países. Superada a crise, o primeiro acordo nuclear bilateral foi celebrado em menos de um ano (1980). Tal resultado somente foi possível porque, embora tímidas, as conversas de bastidor a respeito da aproximação bilateral no campo nuclear ocorriam havia anos.

As origens da cooperação nuclear tiveram diversas causas. Durante a conferência de história oral crítica, os depoentes enfatizaram, em primeiro lugar, fatores geoestratégicos. Tal visão é consolidada na literatura existente sobre o assunto. Segundo essa interpretação, Argentina e Brasil teriam iniciado a cooperação nuclear devido a suas respectivas fragilidades no sistema internacional. No caso argentino, os problemas externos eram numerosos e em muito excediam os eventuais riscos da competição com o Brasil. Em fins de 1978, por exemplo, a Argentina quase iniciou uma guerra contra o Chile. Desistindo da empreitada após uma intervenção papal, o governo em Buenos Aires voltou suas atenções para as ilhas Malvinas, que foram ocupadas por tropas argentinas em 1982 e levaram a um conflito armado com o Reino Unido, no qual a Argentina foi derrotada. A Argentina da época ainda padecia de uma profunda crise econômica e seu governo era acusado por países ocidentais de ter perpetrado atrocidades contra sua população. Nesse contexto de fraqueza relativa, a Argentina teria optado por impedir um acirramento das tensões com o Brasil, perseguindo com o vizinho algum tipo de cooperação no campo nuclear (Kupchan, 2010).

Menos conhecida, embora não menos importante, era a sensação de fraqueza relativa do lado brasileiro (Albright e O'Neill, 1996). Segundo essa interpretação, os generais brasileiros também sentiam que sua capacidade de controlar o processo político nacional declinava com celeridade, ao passo que o sistema internacional se tornava cada vez mais hostil ao regime militar. A situação econômica era péssima e a inflação crescia com descontrole da dívida externa e aumento da desigualdade de renda. As autoridades em Brasília eram incapazes de conter a crise e tinham dificuldade crescente para manter as rédeas do poder. A chegada de Raúl Alfonsín à Casa Rosada pelo voto direto e com um mandato para processar os líderes do regime argentino também assustava. Por fim, o regime brasileiro ainda temia o avanço do presidente americano Ronald Reagan, cuja estratégia internacional encerrava o diálogo Norte-Sul em temas de comércio e desenvolvimento, lançava novas intervenções militares no Caribe e na América Central e patrocinava o recrudescimento da Guerra Fria, além de acelerar a desregulação econômica que alimentava uma crescente globalização econômico-financeira.

Os programas nucleares argentino e brasileiro foram profundamente afetados por esse contexto. Os orçamentos dedicados ao desenvolvimento atômico, antes vastos, escassearam. Sarney e Alfonsín desafiaram suas respectivas indústrias nucleares com profundos cortes orçamentários. Para expoentes da nova geração que chegava ao poder, o investimento em infraestrutura nuclear era um capricho dos militares que estavam de saída com a reputação maculada. Além de caros, tais programas de industrialização forçada tinham utilidade duvidosa e despertavam toda sorte de incerteza na comunidade internacional. Tudo ficou mais difícil depois do acidente nuclear de Chernobil (1986), que desatou uma reação global contra a energia nuclear e foi seguido, no Brasil, pelo acidente radiológico do Césio-137 em Goiânia (1987) e por revelações, naquele mesmo ano, sobre a existência de poços para a suposta condução de testes nucleares na serra do Cachimbo. No fim da década de 1980, as bases políticas para defender o investimento em energia nuclear na América do Sul estavam fragilizadas.

Outro fator por trás do início da cooperação nuclear foi a política de não proliferação nuclear do governo dos Estados Unidos. Desde meados da década de 1970, tal política voltara-se à negação de acesso à tecnologia por parte de países em desenvolvimento. Em Brasília e Buenos Aires, diplomatas e funcionários do setor nuclear passaram a enxergar a diplomacia americana como empecilho e ameaça direta a seus respectivos programas nacionais.[5] Em vez de recuar diante da pressão, porém, os regimes militares argentino e brasileiro avançaram com seus planos originais. Esse foi o caso em seguida à aprovação do US Nuclear Non Proliferation Act (1978), que bloqueava transferências de tecnologia para países cujos programas nucleares não contavam com acordos internacionais de salvaguardas nem com as amarras impostas pelo TNP ou pelas salvaguardas abrangentes, como era o caso argentino-brasileiro. Em 1979, Argentina e Brasil intensificaram seus esforços para enriquecer urânio, mesmo que isso significasse conduzir experimentos longe do escrutínio público e no mais estrito segredo.

Assim, fortalecia-se a crítica conjunta ao regime global de não proliferação, que as autoridades argentino-brasileiras consideravam igualmente intrusivo, discriminatório e corrosivo da soberania

---

5 Hymans (2006); Spektor (2009); Patti (2012); Mallea (2012).

nacional. A sensação de fragilidade diante de um regime global cada vez mais hostil provou ser mais poderosa em cada país do que eventuais preocupações a respeito do desenvolvimento nuclear do outro. À medida que a década de 1980 avançava, as suspeitas mútuas não desapareciam, mas perdiam espaço diante de uma preocupação comum sobre possíveis sanções impostas pelos americanos. Essa percepção facilitou o início de um tipo de coesão que seria importante para viabilizar o projeto de cooperação nuclear.

Vale notar aqui um fator, antes desconhecido, que veio à tona durante os meses de pesquisa que realizamos nos arquivos históricos. A primeira proposta de um programa de inspeções nucleares mútuas foi apresentada aos governos argentino e brasileiro pelo deputado americano Paul Findley, do partido Republicano de Illinois. Em agosto de 1977, Findley visitou Buenos Aires e Brasília para apresentar sua ideia. Tal programa, dizia, reduziria as suspeitas americanas a respeito dos programas nucleares de cada país (Mallea e Patti, 2018). O objeto da missão Findley foi publicado pelo jornal *Washington Post* em setembro de 1977, e o deputado aproveitou a publicidade para levar o assunto em pessoa ao general Rafael Videla da Argentina e ao vice-presidente do Brasil, Adalberto Pereira dos Santos. Embora a proposta de Findley fosse rechaçada de imediato pelo Ministério das Relações Exteriores do Brasil, encontrou alguma simpatia do lado argentino, onde havia interesse em identificar novos pontos de partida para uma relação bilateral que, à época, estava deteriorada. Nos anos seguintes, a diplomacia argentina tentaria em diversas ocasiões convencer a brasileira da utilidade de um sistema de inspeções mútuas. A proposta de Findley também encontrou boa recepção em partes do governo dos Estados Unidos, especialmente depois que a CIA se convenceu da inexistência de programas de armas nucleares no Cone Sul. No início da década de 1980, a diplomacia americana já defendia abertamente o aumento da cooperação nuclear argentino-brasileira como uma política de resseguro para dois países que continuavam fora do TNP e longe de acordos internacionais de salvaguardas abrangentes. Isso explica por que o governo americano apoiou e financiou o treinamento conjunto de especialistas argentinos e brasileiros em contabilidade, verificação, proteção física e monitoramento de material nuclear (Doyle, 1999).

Outro fator que contribuiu para o início da cooperação argentino-brasileira no campo atômico foi a evolução da política interna em ambos os países. Os depoentes, durante a história oral crítica, enfatizaram a relevância do embate político doméstico uma e outra vez. O primeiro grupo de atores relevantes são os militares. Conforme indicado anteriormente, foram os generais que iniciaram as conversações bilaterais em matéria nuclear. Em geral, as corporações militares em cada país simpatizavam com as prioridades de suas congêneres do outro lado da fronteira diante do regime internacional de não proliferação nuclear. Os generais podiam suspeitar das ambições do vizinho, mas nunca se sentiram ameaçados a ponto de desencadear uma escalada competitiva com conotações militares. No entanto, esse processo não foi homogêneo, já que havia vozes em ambos os lados operando contra o processo de aproximação. Como os documentos selecionados para a entrevista de história oral crítica revelam, alguns militares tinham dúvidas sobre o outro lado e, às vezes, grupos específicos utilizavam essas supostas dúvidas de modo instrumental para pedir maiores orçamentos para a área nuclear. A postura relativamente relaxada dos militares a respeito da aproximação bilateral no campo nuclear foi possível, em parte, porque Alfonsín e Sarney fizeram questão de comunicar um ao outro, por meio de enviados especiais, notícias sobre a aquisição de tecnologia de enriquecimento de urânio antes de fazer comunicados públicos. Nesse processo, Palácio do

Itamaraty e Palácio San Martín construíram uma linguagem nova sobre interesses compartilhados e confiança mútua que terminaria moldando seu comportamento nas negociações multilaterais em Viena e Nova York, no sentido de mais cooperação. Em 1984, por exemplo, o diplomata brasileiro Roberto Abdenur sondou seus pares argentinos de modo não oficial sobre a viabilidade de uma declaração conjunta de renúncia simultânea às chamadas "explosões nucleares pacíficas", que a doutrina de ambos os países ainda tratava como legais e legítimas. A Argentina concordou com a iniciativa brasileira, mas o Itamaraty viu-se forçado a retirar a proposta quando percebeu ser impossível angariar apoio de outros atores relevantes em Brasília. Outras iniciativas como essa apareceram uma e outra vez. A documentação hoje disponível para a pesquisa revela o grau em que o chanceler argentino Dante Caputo e sua equipe na recém-criada Divisão Geral de Assuntos Nucleares (Digan) cumpriram a função crucial de insistir em cooperação e transparência mútua, apesar da relutância recorrente do lado brasileiro, inclusive em setores do próprio Itamaraty.

Também foi significativo o papel dos profissionais de ambos os setores nucleares — os cientistas, técnicos e gerentes das respectivas indústrias nucleares e de seus órgãos regulatórios. Os primeiros intercâmbios técnicos, iniciados em 1977, facilitaram o início de laços interpessoais que viriam a se desenvolver ao longo dos anos. Alguns cientistas argentinos já conheciam suas contrapartes brasileiras da época de estudos de doutorado ou pós-doutorado na Europa e nos Estados Unidos, além das principais conferências internacionais dedicadas à ciência nuclear. Tais relações de cunho pessoal ganharam força a partir de 1978, quando a Alemanha Ocidental suspendeu seus planos originais de venda de tecnologia de enriquecimento e reprocessamento de urânio ao Brasil, por pressão americana. Os profissionais argentinos identificaram-se com os colegas brasileiros, pois a Argentina também estava envolvida em uma disputa contra os Estados Unidos sobre o direito de compra de um reator nuclear e de uma instalação de produção de água pesada da Suíça. Os profissionais argentinos ressentiam-se, igualmente, das dificuldades impostas pelos americanos à aquisição de urânio levemente enriquecido para alimentar o reator nuclear que a Argentina construíra e vendera ao Peru. Técnicos, cientistas e profissionais da área nuclear desenvolveram empatia mútua em vez de alimentar a rivalidade ou a inimizade, um processo que pode ter estimulado o aparecimento de uma incipiente comunidade epistêmica binacional.[6] Nesse sentido, a política de não proliferação americana cumpriu um papel (não intencional) positivo de facilitação da cooperação nuclear argentino-brasileira. Com o tempo, tais laços entre profissionais do setor nuclear de ambas as partes facilitaram o aparecimento de ideias de desenvolvimento conjunto de projetos industriais na área nuclear, como o uso de engenharia brasileira no reator argentino Atucha II.

Nenhum ator foi mais relevante para a evolução da cooperação nuclear, porém, que a instituição da presidência em cada um dos países. Alfonsín foi crucial porque, a partir de dezembro de 1983, quando assumiu o governo, instrumentalizou sua relação com o Brasil em dois registros complementares. Primeiro, utilizou o relacionamento com o Brasil com vistas a restaurar a posição internacional de seu país, recém-saído de um regime autoritário ineficaz na gestão da economia, atroz na repressão e derrotado no campo de batalha contra o Reino Unido. Segundo, Alfonsín concebeu a relação com o Brasil como uma forma de adquirir prestígio, um atributo intangível que poderia ser útil para lidar com as sucessivas crises de autoridade que enfrentou. Sarney foi

6 Alcañiz (2004); Fabbri (2005); Kutchesfahani (2010); Hymans (2014).

central à história contada nesta conferência por outros motivos. Antes dele, o general João Baptista Figueiredo avançara em direção a uma aproximação bilateral no campo nuclear de modo apenas tentativo. Além das apreensões recorrentes em boa parte do regime brasileiro, havia no Palácio do Planalto uma postura cautelosa em relação ao ritmo e escopo da transição política conduzida por Alfonsín na Argentina. Quando Tancredo Neves foi eleito pelo parlamento para presidir a transição brasileira no início de 1985, as perspectivas de um eventual engajamento com os argentinos eram limitadas. Afinal, Tancredo tinha pouca ou nenhuma inclinação para enxergar no país vizinho um aliado relevante nessa nova fase do sistema político brasileiro. Ao contrário, como revela nossa conferência de COH, Tancredo nutria dúvidas genuínas a respeito das ambições nucleares do governo em Buenos Aires. A postura de Alfonsín em relação a Figueiredo e Tancredo foi idêntica: ele intensificou as propostas de aproximação bilateral.

Foi essa postura que o presidente argentino manteve após a ascensão de José Sarney. Em maio de 1985, o governo Alfonsín propôs a Brasília a criação de um incipiente sistema de salvaguardas nucleares bilaterais. Similar à proposta de Findley de 1977, o esquema era concebido como uma alternativa à pressão ocidental por um acordo de salvaguardas abrangentes para as atividades nucleares de Argentina e Brasil, sob a égide da agência atômica internacional, com sede em Viena. No primeiro momento, Sarney rechaçou os termos da proposta, mas aceitou criar um grupo de trabalho com o objetivo de discutir o assunto. A partir daí, a cooperação nuclear ganhou celeridade. Em novembro de 1985, quando os dois presidentes se encontraram pela primeira vez, declararam que seus programas nucleares serviam apenas para fins pacíficos e deslancharam uma verdadeira profusão de iniciativas conjuntas em diversos âmbitos da relação bilateral. Menos de dois anos depois, deram início a um ambicioso processo de declarações presidenciais sobre cooperação nuclear (Wrobel, 1999) e de visitas cruzadas a instalações sensíveis fora de salvaguardas internacionais. Em julho de 1987, Alfonsín convidou Sarney para visitar, acompanhado de cientistas brasileiros, a instalação argentina de Pilcaniyeu, onde se enriquecia urânio, encontro no qual os presidentes concordaram em aumentar a transparência dos respectivos programas. Sarney reciprocou o gesto do colega e, em abril de 1988, Alfonsín visitou a instalação de enriquecimento de urânio de Iperó, transformando o grupo de trabalho conjunto sobre o tema nuclear em uma comissão permanente. Em novembro de 1988, Sarney visitou a instalação de reprocessamento de Ezeiza, na província de Buenos Aires. Essas iniciativas presidenciais estabeleceram objetivos e um cronograma para a cooperação, dando à aproximação um sentido de urgência que antes lhe faltara. Além do mais, geraram apoio público à cooperação nuclear entre os dois países e ainda serviram como sinal à comunidade internacional de que Brasil e Argentina aceitariam uma dose um pouco maior de transparência em suas respectivas políticas nucleares.

É plausível imaginar que, caso vivesse, Tancredo avançasse menos ou não tão rapidamente quanto Sarney na agenda de aproximação bilateral defendida por Alfonsín. Para além de sua desconfiança em relação ao vizinho, típica dos políticos de sua geração, Tancredo não teria sentido a mesma necessidade de Sarney de instrumentalizar a política externa como alavanca para fortalecer sua posição interna. Afinal, Tancredo recebera um mandato inequívoco do parlamento. Sarney, que chegara ao governo sem o mesmo manto de legitimidade e em dívida junto ao grupo militar que lhe garantiu a posse, encontrava na área internacional um ambiente quiçá útil para a construção de autoridade. Dessa forma, a conferência de COH ajuda a qualificar o argumento segundo o qual a aproximação nuclear teria sido uma tentativa argentina de acomodação frente à sua crescente fragilidade geopolítica diante do Brasil (Kupchan, 2010:122-132). Embora as circunstâncias argentinas fossem dramáticas, a história do governo Sarney é de dificuldades econômicas profundas, limites estreitos à capacidade presidencial de conduzir a transição, resistência militar ao avanço da autoridade civil e relativo atraso tecnológico no campo nuclear.

Alfonsín entendia a dinâmica interna brasileira e sabia que Sarney encontraria dificuldades para avançar no ritmo proposto pela Casa Rosada. Os militares brasileiros não haviam perdido uma guerra e, portanto, retinham mais poder e autoridade que suas contrapartes argentinas. Sarney chegara ao poder pelo acaso, sem a costura política envolvida na escolha de seu cabeça de chapa. Diante dessas circunstâncias, Alfonsín adotou uma estratégia que combinava "paciência estratégica" com pressão constante sobre o Brasil, pedindo sempre níveis mais profundos de cooperação e transparência mútua, mesmo quando as autoridades de Buenos Aires soubessem que Brasília responderia com uma negativa. Sarney lidou com o tema de forma pragmática. Desde o início, ele aproveitou as propostas argentinas para afirmar sua autoridade diante da corporação militar, onde os grupos cujo poder era mais ameaçado pelo presidente civil tentaram transformar a política nuclear em campo de batalha, vazando informações secretas sobre as atividades de pesquisa e desenvolvimento ou declarando ser o programa nuclear argentino uma ameaça aos interesses brasileiros. O que chama a atenção na relação entre Sarney e Alfonsín é como ambos entenderam as circunstâncias um do outro. À época, sua relação pessoal não era de amizade próxima, e a diferença linguística provou ser uma barreira de difícil transposição. Mas durante seus encontros face a face, os presidentes estabeleceram uma conexão emocional que lhes permitiu construir empatia e confiança pessoal, com vastas consequências positivas para a relação entre os dois países. Por esse motivo, Alfonsín e Sarney merecem lugar de destaque no processo de aproximação nuclear, fato que deveria ajudar a nova historiografia sobre o tema a reequilibrar as narrativas que põem a ênfase da aproximação no período de Carlos Menem e Fernando Collor de Mello (por exemplo, Carasales, 1997 e Solingen, 1994).

Quando argentinos e brasileiros foram às urnas, em 1989, o debate sobre as opções nucleares de ambos os países foi emoldurado em termos econômicos. Carlos Menem e Fernando Collor de Mello ganharam as eleições com a promessa de controlar a inflação e recuperar o crescimento. Esse foi o prisma pelo qual ambos interpretaram a questão nuclear (Solingen, 1994). Assim, embora a eleição dos novos presidentes levasse observadores estrangeiros a temer uma retração da cooperação argentino-brasileira em matéria nuclear (Kessler, 1989; Albright, 1989), em novembro de 1990, Menem e Collor deram um passo adiante na cooperação, estabelecendo um sistema comum de contabilidade e controles. Poucos meses depois, eles fundaram a Agência Argentino-Brasileira de Contabilidade e Controle de Materiais Nucleares (Abacc), o organismo dedicado a conduzir as inspeções mútuas. Por sua vez, os dois países, junto com a Abacc, assinaram um acordo de salvaguardas com a agência atômica internacional e, em 1994, aderiram plenamente ao Tratado de Tlateloco, que estabelece a América Latina como zona livre de armas nucleares. Em 1995 e 1998, Argentina e Brasil aderiram ao TNP, respectivamente.

No entanto, o desenvolvimento desse modelo inédito de controles mútuos não deve levar o leitor a acreditar na evolução natural e progressiva entre as duas partes. Embora a cooperação nuclear tenha hoje raízes profundas, ainda há recorrentes suspeitas, recriminações e percepções trucadas de lado a lado. Se este capítulo traz uma mensagem positiva em relação ao futuro é a de que, mesmo nas circunstâncias mais difíceis, as autoridades desses dois países evitaram choques frontais e mantiveram sob rédea curta o ímpeto à competição no campo nuclear. É plausível imaginar trajetórias históricas menos positivas do que essa.

## Referências

ALBRIGHT, David. Bomb potential for South America. *Bulletin of the Atomic Scientists*, v. 45, n. 4, 1989, p. 16-20.

_____; O'NEILL, Kevin (Ed.). Argentina and Brazil: the Latin American nuclear rapprochement. In: CONFERENCE PROCEEDINGS, 1996, Nahel Soreq. Mimeografado.

ALCAÑIZ, Isabella. *Ideas, epistemic communities and regional integration*: splitting the atom in Argentina and Brazil. Tese (doutorado) — Northwestern University, Evanston, 2004.

BARLETTA, Michael. Democratic security and diversionary peace: nuclear confidence-building in Argentina and Brazil. *National Security Studies Quarterly*, v. 5, n. 3, 1999, p. 19-38.

BLIGHT, James. Robert McNamara: then and now. *Daedalus*, v. 136, n. 1, inverno 2007, p. 120-131.

_____. When empathy failed: using critical oral history to reassess the collapse of US-Soviet détente in the Carter-Brezhnev years. *Journal of Cold War Studies*, v. 12, n. 2, 2010, p. 29-74.

_____; LANG, Janet M. Lesson number one: "empathize with your enemy". *Peace and Conflict: Journal of Peace Psychology*, v. 10, n. 4, 2004, p. 349-368.

_____; KRAMER, Mark; WELCH, David. Remembering the Cuban missile crisis: should we swallow oral history? *International Security*, v. 15, n. 1, 1990, p. 212-218.

CAMILIÓN, Oscar. *Memorias políticas*: de Frondizi a Menem (1956-1996). Buenos Aires: Planeta, 1999.

CARASALES, Julio César. *From rivals to partners; nuclear co-operation process between Argentina and Brazil; De rivales a socios; el proceso de cooperacion nuclear entre Argentina y Brasil*. Buenos Aires: Nuevohacer: Grupo Editor Latinoamericano, 1997.

CHAVES, Rodrigo Morais. *O Programa Nuclear e construção da democracia*: análise da oposição ao Programa Nuclear Brasileiro (1975-1990). Dissertação (mestrado) — Centro de Pesquisa e Documentação de História Contemporânea do Brasil, Fundação Getulio Vargas, 2014.

DOYLE, James E. *Nuclear rapprochement in Argentina and Brazil*: workshop summary. Los Alamos: Los Alamos National Laboratory, 1999.

FABBRI, C. M. Social Constructivism and the role of ideas: the construction of Argentine-Brazilian nuclear cooperation, 1979-1991. Tese (doutorado) — University of Warwick, Coventry, 2005.

HYMANS, Jacques E. C. The dynamics of nuclear politics: lessons from Latin America. In: DOMÍNGUEZ, Jorge I.; COVARRUBIAS, Ana (Ed.). *Routledge Handbook of Latin America in the World*. Nova York: Routledge, 2014, p. 362-375.

_____. *The psychology of nuclear proliferation*: identity, emotions, and foreign policy. Cambridge: Cambridge University Press, 2006.

LAMPREIA, Luiz Felipe. *O Brasil e os ventos do mundo*: memórias de cinco décadas na cena internacional. Rio de Janeiro: Objetiva, 2010.

KESSLER, Richard. Peronists seek "nuclear greatness". *Bulletin of Atomic Scientists*, v. 45, n. 4, 1989, p. 13-15.

KUPCHAN, Charles A. *How enemies become friends*: the sources of stable peace. Princeton, NJ: Princeton University Press, 2010.

KUTCHESFAHANI, Sara Z. *Politics and the bomb*: exploring the role of epistemic communities in nuclear non-proliferation outcomes. Tese (doutorado) — University College London, Londres, 2010.

LEVENTHAL, Paul L.; TANZER, Sharon (Org.). *Averting a Latin-American nuclear arms race*: new prospects and challenges for Argentine-Brazilian nuclear cooperation. Nova York: St. Martin's Press, 1992, p. 44-75.

MALLEA, Rodrigo. *La cuestión nuclear en la relación argentino-brasileña (1968-1984)*. Dissertação (mestrado) — Instituto de Estudo Sociais e Políticos, Universidade do Estado do Rio de Janeiro, Rio de Janeiro, 2012.

_____; PATTI, Carlo. American seeds of Abacc? Findley's Proposal to Create a Nuclear Mutual Inspections System between Brazil and Argentina. *The International History Review*, v. 40, n. 5, 2018, p. 996-1.013.

ONDERCO, Michal; NUTI, Leopoldo. *Extending The NPT?* A critical oral history of the 1995 review and extension conference. Washington: Woodrow Wilson International Center for Scholars, 2020.

PATTI, Carlo. *Brazil in global nuclear order*. Dissertação (mestrado) — Universidade de Florença, Florença, 2012.

REDICK, John R. *Nuclear illusions*: Argentina and Brazil. Washington, DC: Henry L. Stimson Center, 1995 (Occasional Paper 25).

_____. The evolution of the ArgentineBrazilian nuclear rapprochement. In: ARGENTINA AND BRAZIL: THE LATIN AMERICAN RAPPROCHEMENT, 16 mai. 1996, Israel.

REISS, Mitchell. *Bridled ambition*: why countries constrain their nuclear capabilities. Washington: Woodrow Wilson Center Press; Johns Hopkins University Press, 1995.

SCOTT, Len; SMITH, Steve. Lessons of October: historians, political scientists, policy-makers and the Cuban missile crisis. *International Affairs*, v. 70, n. 4, 1994, p. 659-684.

SOLINGEN, Etel. The political economy of nuclear restraint. *International Security*, v. 19, n. 2, 1994, p. 126-169.

SPEKTOR, Matias. *Kissinger e o Brasil*. Rio de Janeiro: Zahar, 2009.

WOHLFORTH, William. *Cold War endgame*: oral history, analysis, debates. Philadelphia: Penn State University Press, 2003.

WROBEL, Paulo S. From rivals to friends: the role of public declarations in Argentina-Brazil rapprochement. In: KREPON, Michael; DREZIN, Jenny S.; NEWBIL, Michael (Org.). *Declaratory diplomacy*: rhetorical initiatives and confidence building. Report n. 27. Washington, DC: Henry L. Stimson Center, 1999, p. 135-151.

_____; REDICK, John R. Nuclear cooperation in South America: the role of scientists in the Argentine-Brazilian rapprochement. *Annals of the New York Academy of Sciences*, v. 66, n. 1, 1998, p. 165-181.

# 3. Entrevistas filmadas com jogadores: reflexões metodológicas sobre o projeto "Futebol, Memória e Patrimônio"

*Bernardo Buarque de Hollanda*
*Raphael Rajão Ribeiro*

> Articular historicamente o passado não significa conhecê-lo "tal como propriamente foi". Significa apoderar-se de uma lembrança tal como ela cintila num instante de perigo.
> Walter Benjamin

Entre 2010 e 2012, quando o projeto de pesquisa "Futebol, Memória e Patrimônio: constituição de um acervo de entrevistas em história oral para o Museu do Futebol" foi idealizado e realizado, as gravações de depoimentos do Centro de Pesquisa e Documentação de História Contemporânea do Brasil (CPDOC) já se valiam das filmagens para o registro da memória de seus entrevistados. Embora o uso generalizado da câmera de filmar fosse relativamente recente na instituição, o apoio da equipe do Núcleo de Audiovisual e Documentário (NAD) foi fundamental para os propósitos do projeto coletivo e interinstitucional que o CPDOC então desenvolvia.

Um dos objetivos precípuos da pesquisa foi a criação de um banco de entrevistas capaz de ser útil não só aos pesquisadores envolvidos, cuja agenda de trabalho tematizava os estudos do futebol, mas igualmente uma fonte de consulta audiovisual disponível e de fácil acesso à comunidade de estudiosos e ao público em geral, incluindo os aficionados futebolísticos. O contexto de sua realização foi a chamada "década esportiva" (2007-16), como se convencionou chamar o período entre a ocorrência dos Jogos Panamericanos no Rio de Janeiro, em 2007, e dos Jogos Olímpicos de Verão Rio 2016, quando a cidade do Rio e o Brasil como um todo foram palco de diversos megaeventos esportivos de porte internacional.

O projeto foi desenvolvido em meio às expectativas crescentes com a Copa do Mundo Fifa de 2014, a ser realizada pela segunda vez na história do país e que acionava da opinião pública, dos meios de comunicação e da indústria cultural uma série de produtos — livros, revistas, filmes, documentários — relacionados com as memórias esportivas do evento, cuja primeira edição ocorrera no Brasil em 1950. Ainda que sua metodologia se destinasse a análises seriadas de cunho acadêmico, consonante os preceitos da metodologia da história oral, não era possível desconsiderar esse contexto político-econômico brasileiro de início dos anos 2010, propício ao acionamento das memórias coletivas no assim chamado "país do futebol".

Em âmbito interno, o projeto coincidiu com a ampliação da área geográfica de presença e atuação do CPDOC e representou uma espécie de "certidão de nascimento" pública da instituição na capital paulista. Este passou a compreender não só sua tradicional sede no Rio de Janeiro como estendeu-se também a ações estruturadas em São Paulo, uma vez que o Centro criara em abril de 2009 uma coordenação na capital paulistana, sediada na avenida Paulista. Tratou-se, assim, do primeiro projeto desenvolvido sob os auspícios da Fundação de Amparo à Pesquisa do Estado de São Paulo (Fapesp), uma das principais agências brasileiras de fomento à ciência, e em parceria com um equipamento cultural público, o

Museu do Futebol, pertencente à Secretaria de Cultura do estado de São Paulo, sediado nas dependências do estádio do Pacaembu. O espaço museológico paulistano, por sua vez, fora inaugurado havia pouco tempo, em 2008, e se mostra desde então um sucesso de público e de interesse entre os principais museus da cidade.

A pesquisa foi coordenada pelos professores Ludmila Ribeiro e Oliver Stuenkel, com o suporte de uma equipe de pesquisadores da Escola de Ciências Sociais, composta por Bernardo Buarque, Carlos Eduardo Sarmento e Paulo Fontes. O financiamento público do projeto permitiu a aquisição de equipamentos de captação de imagem e som apropriados, bem como o envolvimento de bolsistas vinculados a universidades paulistas das áreas de ciências sociais e história. Graças ao treinamento proporcionado pelos estagiários do NAD, as equipes do projeto do Rio e de São Paulo puderam ser capacitadas tecnicamente para a gravação das entrevistas de história oral, que mesclavam no projeto a abordagem tanto das histórias de vida quanto das histórias temáticas.

Visto em conjunto, em um intervalo de dois anos de duração, o projeto logrou ao final um total de 120 horas de filmagens, capaz de contemplar mais de cinco dezenas de ex-atletas que atuaram na Seleção Brasileira ao longo de oito Mundiais. Na definição dos critérios de recorte, a baliza temporal iniciou-se em 1954, com a Copa na Suíça, com a localização de quatro futebolistas vivos, e terminou em 1982, marco geracional de encerramento de um ciclo, a chamada "pátria de chuteiras", quando a *performance* da equipe nacional comandada por Sócrates, Falcão e Zico encantou torcedores e telespectadores de todo o mundo durante a Copa da Espanha, mesmo sem a conquista do título.

Para este livro, procuraremos fazer uma análise de conjunto do material compulsado. Conforme foi dito, a pesquisa abrangeu relatos de cerca de 30 anos de duração, entre os anos 1950 e 1980, divididos de forma quadrienal segundo a participação de atletas da Seleção Brasileira no torneio internacional, cuja projeção veio se ampliando de forma contínua ao longo do mesmo período. Tem-se, assim, um *corpus* documental diacrônico e sincrônico, que testemunha igualmente mudanças organizacionais, desportivas e conjunturais no decurso desses decênios.

A rememoração seriada da vivência e da experiência de participação na competição futebolística internacional permite intercruzar os relatos, de modo a identificar semelhanças e diferenças nas versões dos fatos lembrados pelos personagens — sejam os preparativos, sejam os jogos, sejam as polêmicas e os significados em torno do evento, construídos *a posteriori* e de forma contínua. Para além de recordações e reminiscências de cunho individual, entende-se que a contribuição geral do projeto para a história e a memória das Copas do Mundo agrega um valor prosopográfico, na medida em que tais "biografias coletivas" (Stone, 2011:115) colocam os depoentes lado a lado, em face de episódios comuns e de questões similares, de modo a circunscrever uma moldura sócio-histórica, com a apreensão de um gradiente de variáveis no discurso dos atores.

Diante disso, propomos no presente capítulo explorar brevemente três pontos: primeiro, discorre-se sobre aspectos mais técnicos da metodologia de entrevistas que se valem do uso de câmeras de gravação de imagem digital, em substituição do padrão até então corrente na história oral de utilização do gravador em áudio, na sua condição de captador tão somente da fala do entrevistado, sem os demais compósitos gestual-performáticos, para falar com Paul Zumthor (2018), da gravação.

Em seguida, procuraremos apresentar uma visão descritiva e panorâmica das entrevistas filmadas com a totalidade dos 54 atletas do selecionado brasileiro, a fim de cotejar continuidades e diferenças entre as narrativas e indiciar os componentes de uma mencionada proposta de prosopografia. Elegemos para tanto tão somente um tópico do roteiro de entrevista construído, a fim de mostrar a potencialidade de seus rendimentos temáticos e analíticos.

O terceiro e último ponto encerra o capítulo com uma avaliação do produto criado pelo NAD para a difusão audiovisual do projeto, um média-metragem de 50 minutos com a edição das visões dos 15 atletas partícipes da Copa de 1970. Com efeito, o material audiovisual permite dimensionar toda a gestualidade dos futebolistas na edição das passagens das entrevistas em que os próprios rememoram o Mundial. Em paralelo, a estrutura fílmica escande a cronologia do evento em um "antes", um "durante" e um "depois" do torneio. Nele a Seleção acaba por se sagrar tricampeã, no bojo de controvérsias sobre as relações entre esporte e política, quando o significado do título (Vogel, 1982) no contexto ditatorial militar vigente no país é posto em questão.

## O gravador e a câmera: do ouvir ao "ver contar" no CPDOC

Esta seção constitui uma espécie de preâmbulo para o texto, uma vez que procura refletir sobre os condicionantes da passagem das entrevistas de história oral gravadas em áudio para aquelas registradas por equipamentos audiovisuais. Pretende-se acompanhar as discussões metodológicas e as implicações técnicas da adoção das câmeras de gravação no contexto desta que é considerada, às vezes de forma ambígua, ora uma disciplina, ora uma metodologia, ora uma ferramenta (Selau, 2004), surgida em consonância com as mudanças na historiografia de sua época. Suas origens no Brasil remontam a meados dos anos 1970, em um momento internacional propício à ampliação de seu alcance e de objetos até então vistos como ilegítimos ou de somenos importância.

Um dos pontos a ressaltar aqui é a própria ausência, em princípio, de uma reflexão sistêmica mais acurada sobre a introdução das imagens em movimento no procedimento científico no interior *stricto sensu* da história oral.[1] Ainda que de forma latente, para muitos é como se se tratasse de uma mudança de ordem meramente tecnológica, no limite, uma alteração do suporte com poucas consequências epistemológicas. O levantamento da bibliografia nacional empreendido para a presente coletânea sugere ao menos pouca atenção e preocupação dispensada entre os praticantes da história oral; pautou-se por conhecida interdisciplinaridade, a despeito de certa hegemonia dos historiadores à frente da Associação Brasileira de História Oral (Abho), entidade associativa fundada em meados dos anos 1990 (Ferreira, 2000; Amado, 2003).

Como se sabe, o Programa de História Oral (PHO) foi criado em 1975, dois anos depois do surgimento do CPDOC. Este constituiu-se em 25 de junho de 1973 como uma frente de atuação nova no interior da instituição, por meio de uma unidade administrativa dedicada à investigação histórica, à guarda de fontes documentais primárias e ao seu tratamento arquivístico, mormente aquelas relacionadas com titulares da política brasileira, incorporadas progressivamente ao patrimônio da Fundação Getulio Vargas, no Rio de Janeiro.

Deve-se dizer que, ato contínuo à estruturação da documentação e da pesquisa com foco no Brasil contemporâneo, isto é, a

---

1 Convém ressaltar que essa reflexão é realizada em outros campos das ciências sociais, principalmente na antropologia, disciplina que vem liderando, pelo menos desde os anos 1960, não só a produção, mas a reflexão metodológica sobre o uso das imagens como instrumento de investigação.

partir da Revolução de 1930 e da chamada Era Vargas, observou-se a necessidade de compreensão de forma mais circunstanciada dos documentos impressos, manuscritos e fotográficos que vinham sendo doados de modo sucessivo por herdeiros de famílias políticas nacionais.

Uma das maneiras encontradas foi a organização do PHO e a aplicação de um método de rememoração dos fatos e dos eventos tais como testemunhados e protagonizados por seus atores. É sobejamente sabido que isso colocou em questão elementos constitutivos da chamada "nova história política" (Rémond, 2003) no campo das ciências humanas e sociais, àquela altura muito influenciadas pelo cânone do estruturalismo, que por sua vez secundarizava a agência e o papel dos sujeitos na vida social. Se visto de início com certa resistência e desconfiança, aos poucos o Centro adquiriu reconhecimento e já nos anos 1990 era percebido pelos pares da academia como um centro de pesquisa de excelência.

Nas palavras de Aspásia Camargo, "o CPDOC, de fato, nascia de uma encruzilhada entre o passado, que não devia ser esquecido, e o futuro, que precisava mudar" (D'Araújo, 1999:227). Tal passado infenso ao esquecimento teve no PHO uma ancoragem fundamental e, à medida que os arquivos pessoais chegavam, a história oral se mostrava mais imprescindível para sua compreensão e contextualização. Assim, pode-se dizer que essa técnica e prática de pesquisa foi estruturada mais sistematicamente no Brasil graças à marca pioneira desse programa, a coexistir a partir daí em outros espaços institucionais e acadêmicos em Santa Catarina, em São Paulo e em outros estados da Federação.

Uma das fundadoras do CPDOC, a socióloga Celina Vargas do Amaral Peixoto, assim se refere ao lugar do PHO na história do trabalho documental realizado no Centro:

> O Programa de História Oral foi montado pela Fundação Ford, num convênio com Richard Morse, que me foi apresentado por Fernando Henrique Cardoso. Graças a ele produzimos um seminário internacional na área de história oral e vieram pesquisadores como Eugénia Meyer, que trabalhava com a elite militar da revolução mexicana. Aspásia coordenou a parte de história oral e foi sua mentora intelectual. Fizemos esse seminário e depois mais uns dois ou três. A partir daí, implantamos no Brasil inteiro projetos de história oral. Fizemos uma capilaridade significativa. [D'Araújo, 1999:232]

Em nível internacional, sabe-se igualmente que a história oral emerge em meados do século XX e um de seus primeiros espaços de desenvolvimento é a Universidade de Columbia, nos Estados Unidos, com a formação de seu Oral History Program. Tal impulso só foi possível com a introdução do gravador de rolo, capaz de realizar reproduções mecânico-fônicas, cuja sonoridade mais à frente se difundiria por intermédio da indústria fonográfica, do consumo do mercado musical e da disseminação das fitas cassete magnéticas e analógicas.

É possível afirmar que o uso do gravador foi o principal meio de registro da memória dos depoentes do PHO em seus primeiros 30 anos de existência (1975-2005), durante o qual mais de 800 entrevistas foram realizadas, perfazendo mais de 4 mil horas de duração (Amado, 2003:59). Em 2006, a generalidade do uso exclusivamente sonoro começa a ser contrabalançada pela introdução da câmera de filmagem, decorrência direta da criação do Núcleo de Audiovisual e Documentário (NAD), implantado por iniciativa do pesquisador e diretor do CPDOC, Celso Castro.

Em cinco anos, entre 2006 e 2011 — elegemos esta última baliza pois coincide com o início da implementação do projeto "Futebol, Memória e Patrimônio" —, a situação assiste a uma inversão. Ao longo desse período, a maioria das entrevistas passa a ser registrada em imagem, o que possibilita não só novas formas de acondicionamento vídeo-digital do material como também distintos e inesperados rendimentos analíticos em sua consulta pública. Isto deriva das novas percepções de conjunto da fala filmada dos entrevistados, bem como da apreensão visual da dinâmica interativa entre os depoentes e os entrevistadores durante as gravações.

Ao compulsar a bibliografia brasileira sobre o assunto, encontramos poucas fontes a ele dedicado. Esse é um dado sintomático a nosso juízo da desconsideração da importância que o impacto dessa modificação de cunho tecnológico acarreta para a *episteme* da história oral. Sem embargo, como exceção, encontramos na obra da socióloga Maria Isaura Pereira de Queiroz, um dos nomes que hoje pontifica na história das ciências sociais da Universidade de São Paulo, uma análise de grande fôlego sobre o uso dos gravadores.

Em 1983, a eminente autora da Faculdade de Filosofia, Letras e Ciências Humanas (FFLCH) da Universidade de São Paulo (USP), formada pelo francês Roger Bastide e especializada em sociologia da religião e dos movimentos rurais messiânicos, publica um extenso documento intitulado *Variações sobre a técnica de gravador no registro da informação viva*. Quase uma década depois, o relato adquire o *status* de livro, com quase 200 páginas, publicado pela editora T. A. Queiroz na sua Biblioteca Básica de Ciências Sociais (Queiroz, 1991). As análises estão ancoradas em uma experiência de pesquisa coletiva, intitulada "São Paulo, 1920-1937: depoimentos de trabalhadores de baixos recursos".

Chama a atenção que o livro e a pesquisa de Maria Isaura tenham tido pouca repercussão entre os praticantes da história oral. Ao menos se comparada à fortuna crítica de outra uspiana, Ecléa Bosi, cuja tese de livre docência em psicologia social defendida em 1979 e intitulada *Memória e sociedade: lembrança de velho*

(Oliveira, 2013:89) tornou-se uma enorme referência aos oralistas brasileiros, a recepção da socióloga da FFLCH foi diminuta, ainda que nos anos 1990 a autora tenha continuado a publicar sobre o assunto (Queiroz, 1994).

No entanto, se nos voltarmos ao texto original, observamos que a publicação vem à luz uma década exata depois do surgimento do CPDOC. Segundo a autora, naquela conjuntura assistia-se à passagem do "indizível" ao "dizível" na revalorização do relato oral, porquanto:

> Não há muitos anos, o "relato", denominado agora "história oral", fez seu reaparecimento entre as técnicas de coleta de material empregadas pelos cientistas sociais; com tanto sucesso que, por muitos deles, foi encarado como "a" técnica por excelência, e até mesmo a única válida para se contrapor às quantitativas. Enquanto estas últimas, reduzindo a realidade social à aridez dos números, pareciam amputá-las de seus significados, a primeira encerrava a vivacidade dos sons, a opulência dos detalhes, a quase totalidade dos ângulos que apresenta todo fato social. [Queiroz, 1991:1]

A socióloga recorre nominalmente ao caso do CPDOC em sua missão de armazenar entrevistas com personalidades políticas famosas. Valoriza a missão de tais repositórios no sentido de salvaguardar memórias que de outro modo estariam fadadas ao esquecimento, com o desaparecimento iminente dessas pessoas em idade já avançada. Ressalta ainda o empenho institucional de conservação da "história viva" por meio de depoimentos e das "histórias de vida" dos remanescentes dos anos 1930.

Junto a descrições de cunho epistêmico sobre o ato de transmissão de conhecimento e as diferenças entre pesquisas individuais e coletivas, a autora concentra boa parte do livro para articular o desenvolvimento tecnológico que permitiu ao gravador meios de captar o real como atividade de pesquisa do cientista social. Maria Isaura analisa em que medida as fitas conservam a vivacidade da narração e sua primazia sobre a letra morta, timbrada no papel, embora o trabalho de transcrição seja uma etapa posterior à gravação necessária para a consolidação e a preservação do documento. A voz do entrevistado, suas entonações e suas pausas, seu "vaivém" na ação de contar sua trajetória e de reviver suas lembranças constituem, a seu juízo, características distintivas da história oral e dados preciosos ao pesquisador.

O livro por certo contém um mergulho denso em toda a epistemologia da produção do conhecimento calcada em entrevistas e isso é explicitado já no primeiro capítulo, que traz como título "Reflexão metodológica, reflexão tecnológica: convergências e contrastes". Mas não caberia aqui adentrar nesses meandros. Importa assinalar que o trabalho de Maria Isaura avulta como uma das mais cuidadosas análises no Brasil que articulam a técnica reprodutiva dos sons com o entendimento do mundo social por historiadores oralistas e sociólogos, fruto de reflexões sobre o uso de histórias de vida que ela desenvolvia desde os anos 1950, estimulada por seu orientador Roger Bastide (Queiroz, 1991). O material coletado, longe de ser tomado como um conteúdo positivista, é percebido em relação a todos os procedimentos prévios envolvidos no uso dos gravadores sonoros e no cotejo com outras fontes.

À época da redação do texto, e mesmo em sua segunda edição ampliada no início dos anos 1990, não estava no horizonte da autora passar do relato em áudio para aquele audiovisual, ou seja, para a imagem em movimento no campo da história oral. Maria Isaura escrutina quase todos os aspectos técnicos dos depoimentos que implicam registrar a sonoridade da voz, mas não tematiza nem se ocupa de refletir em torno da relevância de outros traços e sentidos fisionômicos presentes num depoimento. Frisem-se, em especial, os gestos, as posições corporais, as formas de verbalizar *vis-à-vis* as feições do informante, que permitem a apreensão da totalidade do relato mnemônico e sua dimensão performática.

É possível dizer que, uma década depois dessa publicação, já havia condições técnicas suficientes para a discussão sobre o emprego do vídeo nas gravações de história oral. Não obstante, é escassa a literatura que concedeu atenção e propôs inter-relações entre os níveis tecnológico, metodológico e epistemológico. Uma coletânea, por exemplo, como a organizada por Marieta de Moraes Ferreira, Tânia Maria Fernandes e Verena Alberti, conquanto se ocupe dos "desafios para o século XXI", reunindo *experts* de diversos países do mundo para refletir sobre a prática e o conhecimento em história oral no novo século, não chega a aventar a questão nem a considerá-la como um problema na obra (Ferreira, Fernandes e Alberti, 2000).

A brilhante tese de doutorado de Ricardo Santhiago Corrêa (2013), defendida em História Social da USP e denominada *Método, metodologia, campo: a trajetória intelectual e institucional da história oral no Brasil*, contudo, aponta que, mesmo que sem a produção de reflexões traduzidas em texto, instituições mais conectadas ao que ele chama de uma história pública começavam a desenvolver experimentações com a câmera filmadora. Foi o caso do Museu da Imagem e do Som de São Paulo, instituição com tradição de gravação de relatos em áudio desde os anos 1970 que, no início da década de 1990, passou a registrar suas entrevistas em vídeo. Essa metodologia se estendeu ao Museu da Imigração, na capital paulista, desde sua criação, em 1993.

Não por acaso, a segunda edição do *Manual de história oral*, de Verena Alberti, que vem a lume em 2004, 15 anos depois de seu lançamento original, amplia seu conteúdo e dedica um capítulo para a discussão sobre o "equipamento", ainda que o subitem "gravação em vídeo" ocupe duas páginas do trabalho. O capítulo, de todo modo, é instigante e de grande utilidade, pois pontua momentos marcantes de história da técnica, com casos internacionais cujos primórdios remontam a fins do século XIX e atravessam o século seguinte.

Ao historiar os procedimentos-padrão e ao relatar a introdução do vídeo, seja o analógico, seja o digital, nas entrevistas realizadas na conjuntura de início dos anos 2000, Verena traz observações relevantes em diversas passagens:

> Até meados dos anos 1990, não havia muita dúvida com relação ao equipamento a ser empregado em um programa de história oral. O mais recomendado era constituir um acervo em fitas cassete e de rolo, arquivadas em locais separados, sendo que as de rolo funcionavam como o acervo de segurança.
>
> [...]
>
> A gravação de entrevistas de história oral em vídeo tem-se difundido bastante ultimamente. Ela permite o registro da imagem do entrevistado e da situação da entrevista e impede que se percam os gestos e expressões faciais que complementam e enriquecem a enunciação, expressando reações e, muitas vezes, indicando a intenção do falante. No CPDOC, ainda utilizamos com certa parcimônia este tipo de registro — menos de 2% de nossas entrevistas estão gravadas em vídeo.
>
> [...]
>
> Nas gravações em vídeo, o ideal é realizar a entrevista em um ambiente suficientemente amplo para que seja possível filmar não só o entrevistado, mas também os entrevistadores, isto é, a situação mesma da entrevista: a posição dos que dela participam, suas reações, expressões e movimentos, procurando assim registrar o clima e as circunstâncias de produção do documento de história oral. Isto por-

que o papel dos entrevistadores também é fundamental para a análise posterior desse tipo de documento, não se justificando, portanto, limitar-se a filmagem ao entrevistado. [Alberti, 2005:53-54, 62, 63]

A reflexão sobre a utilização da câmera de vídeo na produção cpdoquiana vai receber alguma atenção em 2003, durante as comemorações de três décadas de criação do centro. O livro *CPDOC 30 anos*, organizado pela então diretora Marieta de Moraes Ferreira, convida renomados especialistas para fazer um balanço e analisar facetas das áreas de concentração da instituição, a exemplo do pensamento social e da história política carioca e fluminense, da díade democracia e Forças Armadas, bem como de seus produtos, como o *Dicionário histórico-biográfico brasileiro* e a revista *Estudos Históricos*.

Como seria presumível, um dos capítulos é dedicado à história oral, sendo assinado pela professora titular da Universidade de Brasília (UnB), Janaína Amado. Ela mostra como, depois de um processo lento de institucionalização e de consolidação nos anos 1970 e 1980, a história oral no Brasil assiste a um *boom* de interesse por parte da comunidade científica na década de 1990, o que inclui a realização do congresso internacional da Ioha no Rio de Janeiro, sediado no CPDOC. Sem embargo, o capítulo reconstitutivo, publicado no início dos anos 2000, passa ao largo da temática da produção de imagens em movimento nas entrevistas do PHO.

Curiosamente, no mesmo volume, outro capítulo problematizará a questão de uma espécie de dialética entre os registros sonoros e aqueles visuais. O cineasta Eduardo Escorel, ele próprio pesquisador do acervo documental do CPDOC durante décadas, assina o capítulo "Vestígios do passado: acervo audiovisual e documentário histórico". A dupla condição de documentarista de filmes de cunho histórico e de consulente do acervo do CPDOC permite ao cineasta refletir sobre aspectos que escaparam aos oralistas mais diretamente envolvidos no *métier*.

O autor mobiliza uma série de exemplos para mostrar a importância da existência de instituições de guarda na conservação iconográfica das imagens em movimento, no tocante à captura de registros da história republicana brasileira, em que pontifica o próprio CPDOC. Mas o tom do capítulo é menos laudatório do que se esperaria de um texto para um livro comemorativo. Escorel diz com todas as letras no seu texto:

> [...] quem trabalha com esse gênero de filme não pode deixar de lamentar que o CPDOC não se tenha proposto a atuar também, como uma cinemateca, na preservação e no restauro de imagens filmadas em película ou gravadas em fita magnética. [...] é uma lástima que o registro, filmado ou gravado em vídeo, da imagem dos depoentes não tenha sido incluído no Programa de História Oral, transformando-se num Programa de História Oral & Visual. [...] fomos impedidos, por exemplo, de examinar a expressão do rosto do general Carlos Alberto da Fontoura, chefe do Serviço Nacional de Informações entre 1969 e 1974, no momento em que afirmou nunca ter tido "uma prova de tortura". [Escorel, 2003:49]

Pode-se dizer que essa sorte de provocação contida no capítulo não passaria despercebida internamente e seria assimilada pela nova direção do CPDOC. Três anos depois da publicação do livro, a integração da gravação em vídeo à prática da história oral começaria a ser estruturada. A criação do NAD é decisiva para tanto. Em um período de cinco anos, o Núcleo acopla de maneira progressiva a câmera de filmar ao dia a dia das entrevistas do PHO, em detrimento do gravador sonoro, ou aciona este último de modo apenas complementar e acessório, passando a funcionar como cópia de segurança.

Destarte, quando o projeto coletivo e interinstitucional "Futebol, Memória e Patrimônio" foi concebido, em 2010, tais condições já eram uma realidade interna no cotidiano da instituição. O histórico de mudanças nos anos 2000 permitiu que sua realização fosse feita no biênio seguinte (2011/12) integralmente com base no registro audiovisual. Na próxima seção, apresentaremos de forma mais panorâmica a realização da pesquisa, seguindo-se no terceiro e último item uma descrição do produto audiovisual derivado da série de entrevistas.

## Conjunto da obra: rendimentos temáticos nos relatos filmados de 54 futebolistas da Seleção[2]

Às considerações de ordem metodológica acerca dos suportes técnicos que afetam em forma e conteúdo a prática filmada da história oral, tal como adotadas e preconizadas pelo CPDOC nos últimos 15 anos, sucede agora a descrição mais específica do projeto em tela.

Um dos dados a assinalar antes disso é o próprio alargamento do escopo temático de pesquisas em história oral feitas no CPDOC, haja vista que, se tradicionalmente seu objeto visava o testemunho das elites do Brasil republicano pós-1930 — entre políticos, juristas, intelectuais e militares —, a construção de um projeto de depoimentos de jogadores de futebol por si só já mostra a ampliação do universo de atores considerados. A incorporação de grupos oriundos de extratos populares, de movimentos sociais, bem como de personagens egressos das classes trabalhadoras, resultou das novas dinâmicas institucionais e mesmo historiográficas na agenda de antigos e novos pesquisadores do Centro desde então (Leite Lopes, 2003).

2 Repisa-se aqui parte do argumento apresentado em Hollanda (2017).

Nessa esteira, o projeto "Futebol, Memória e Patrimônio", entre outros, como "Territórios do torcer" (2014/15), também sob os auspícios da Fapesp, encontrou acolhida na instituição. Ao lado das pesquisas, o acolhimento da temática futebolística se estendeu à história oral como um todo, no Brasil e no mundo, a exemplo dos congressos nacionais e internacionais, bem como da publicação de dossiês como "Esportes e fontes orais", na *Revista de História Oral*, e de *Sports and Oral History*, em um importante *journal* britânico (Adams e Cronin, 2019).

No caso cpdoquiano em específico, passou-se a reconhecer que a memória esportiva, ao invés de ser vista em sentido mais fechado e estrito, dialogava de forma porosa com as esferas políticas, econômicas e culturais da sociedade brasileira dos séculos XX e XXI. Entre os precedentes da "casa", saliente-se que já havia a experiência de uma história institucional da Confederação Brasileira de Desportos/Confederação Brasileira de Futebol (CBD/CBF), iniciada em 2004 pelo saudoso professor Carlos Eduardo Sarmento (Sarmento, 2013).

Procuraremos a seguir destacar as potencialidades analíticas da gama de entrevistas feitas para "Futebol, Memória e Patrimônio". Vamos tentar também, aqui e ali, pontuar o favorecimento das mudanças adotadas pelas gravações audiovisuais para os pesquisadores que se valem do "reúso" do acervo, isto é, do acesso ulterior a seu material por terceiros e dos eventuais ganhos na utilização de um, no mais das vezes, "patrimônio silencioso" (Heymann e Alberti, 2018:11).

Ressalte-se que a empreitada de dois anos do referido projeto permitiu que a sua equipe integrante atingisse, ao fim e ao cabo, o duplo objetivo a que se propôs: 1) o legado, para o grande público, de um acervo de entrevistas com os protagonistas de uma experiência *sui generis*, qual seja, a de atletas brasileiros que participaram de Copas do Mundo nos torneios que se estenderam entre 1954 e 1982;

2) o provimento de fontes que procuram diferenciar-se das demais já constituídas sobre o tema e que buscam bases analíticas para uma nova compreensão da própria história do futebol brasileiro.

Da preocupação em constituir um acervo inovador, derivou a utilização de um roteiro elástico o suficiente para dar conta de uma gama interpelativa e interpretativa de questões. Questões estas que intentaram transcender o somatório de eventuais interesses individuais de pesquisa de parte dos membros da equipe. Teve-se a intenção primordial de produzir um arquivo de porte grande e longevo, com dotes técnicos e facilidades de disseminação pedagógico-científica e cultural, inexistentes em relação à memorialística do futebol no Brasil, ao mesmo tempo aquém e além do difundido pelo mercado de entretenimento e do já arquivado pelas empresas de telecomunicações nacionais.

Na tangente de práticas usuais de cobertura do jornalismo esportivo (Toledo, 2002), bem como de iniciativas pregressas, procurou-se superar as limitações com investimentos em abrangência temática, em quantidade/qualidade de material produzido e em capacidade de tratamento e acessibilidade. Tal condição decorreu não apenas dos recursos financeiros angariados junto à Fapesp, mas também de ações institucionais que tanto o Museu do Futebol quanto o CPDOC se mostraram capazes de mobilizar.

Se a Fapesp facultou o engajamento de pesquisadores, assistentes de pesquisa e técnicos de som e imagem, o CPDOC valeu-se de seu *know-how* de quase 50 anos de entrevistas em história oral, em especial no tratamento com câmera filmadora empenhada, desde 2006, pelo NAD. Por seu turno, coube ao Museu do Futebol toda a *expertise* de sua equipe de pesquisa na lida com os ex-futebolistas e todo o provimento da logística proporcionada pelo setor de documentação e conteúdo da instituição.

O processamento do material registrado em vídeo deu-se por meio de duas ações. Primeiro, o tratamento com atenção aos procedimentos habituais do PHO do CPDOC. A versão integral, imagético-sonora das entrevistas concedidas, encontra-se disponível para consulta física no Museu do Futebol. Trata-se do documento original, a ser preservado na íntegra, salvo no caso de pedido explícito do entrevistado para supressão de algum trecho.

Segundo, com vistas principalmente à disponibilização da entrevista na internet, procedeu-se a uma edição mais concisa do documento. Entendeu-se a necessidade de editar alguns elementos das entrevistas entregues *in totum*, tais como o "cabeçalho" da transcrição e os créditos de edição. Como se pode presumir, o "cabeçalho" registra a data, o local, o nome do projeto e as pessoas presentes à gravação. A informação fica, no entanto, preservada nos créditos e na ficha técnica, com pequenas interrupções no processo de entrevista, quando o depoente solicita a parada momentânea ou alguma intercorrência se coloca durante a filmagem.

Além disso, na conversão à rede virtual, alguns blocos temáticos foram criados e estandardizados pelo NAD. Eventualmente, determinados trechos separados de uma mesma entrevista foram agrupados. Houve uma diminuição pequena da duração total da entrevista, posto que a intervenção mira na "leveza" do material bruto, com vistas à sua visualização *on-line*.

Para cada entrevista editada, segmentada em blocos temáticos, facilitadores da identificação pelos futuros usuários, visou-se tanto possibilitar a consulta de um assunto específico com maior rapidez quanto tornar mais leves os filmes que serão carregados na página.

Estão disponíveis em ambos os sítios o sumário da entrevista, seu roteiro de edição conciso — que indica, entre outras coisas, todas as alterações feitas a partir do documento original — e a transcrição integral da entrevista cedida. Com a síntese que ora se apresenta nesta coletânea, a totalidade do material faz-se acessível na *webpage* criada especificamente para o projeto.

Desde então, as pessoas interessadas na consulta ao material têm acesso às suas etapas de edição. A fim de reiterar o que foi dito, salienta-se que as 120 horas filmadas estão oferecidas virtualmente aos pesquisadores, de modo a prover instrumentos de pesquisa sem o deslocamento físico do pesquisador, uma das grandes vantagens do universo eletrônico-computadorizado, condição exponenciada desde 2020, em razão das vicissitudes impostas pelo "isolamento social" (Mannheim, 1965:153), uma das decorrências da pandemia do coronavírus.

A ambição do projeto passou, pois, pela expectativa de que o acervo produzido possa vir a ser trabalhado à luz de diferentes recortes temáticos, e que, em suas potencialidades exegéticas, ajude a iluminar questões importantes, quer da história do futebol e da sociedade em geral, quer das trajetórias individuais dos jogadores em uma perspectiva comparada.

**Figura 1**
**Registro da filmagem com o ex-goleiro Ado, da Seleção Brasileira, que atuou na Copa do Mundo de 1970**

Fonte: FGV CPDOC. Data da entrevista: 19 de agosto de 2011. Entrevistadores: Clarissa Batalha e Bernardo Buarque.

Exemplifique-se, a propósito, que o acervo serviu de base a uma tese de doutorado defendida em 2015 no Institute des Hautes Études en Amérique Latine (Iheal-Paris III), pelo historiador Clément Astruc. Bolsista financiado pela Embaixada da França no Brasil, Astruc pôde vir ao país e concentrar-se ao longo de um período de um ano no exame das 120 horas de depoimentos do projeto. Entre outras abordagens, o pesquisador examinou questões atinentes à mobilidade social de jogadores egressos da primeira e segunda geração que se seguiram à adoção do profissionalismo no Brasil, problematizando a suposição de uma passagem automática entre dois estados — o amador e o profissional — mesmo durante as décadas de 1940 e 1950.

Nesta seção, a fim de ilustrar tão somente um eixo analítico-temático, entre os inúmeros possíveis, gostaríamos de pontuar, nos testemunhos registrados pela câmera, como aparece narrada a questão do encerramento da carreira do atleta. Nesse caso, a faculdade de conversão do *status* de ídolo esportivo para a condição de treinador foi recorrente na pesquisa. Ela envolveu uma experiência que, *grosso modo*, apenas se verificou incidentalmente na trajetória de jogador: a passagem por um circuito internacional de clubes.

Enquanto a maioria optou por reconverter-se à condição de técnico de futebol, o que incluía uma rota de países vistos por eles como distantes e exóticos, como os situados na Arábia Saudita, outros ex-jogadores, em menor escala, fizeram escolhas heteróclitas: dirigir escolinhas de futebol no interior do país ou na cidade de origem (Paulo Isidoro e Djalma Santos); ingressar na política, com a concorrência em pleitos eleitorais para o Legislativo (Reinaldo, Luizinho, Carlos Alberto Torres, Ademir da Guia, Piazza); tornar-se apresentador de rádio e ou de TV (Gérson, Falcão); dedicar-se à vida de cronista na grande imprensa (Tostão).

**Figura 2**
**Foto com o meio-campista Tostão, no dia da filmagem da entrevista em sua residência, Belo Horizonte**

Fonte: FGV CPDOC. Data da entrevista: 25 de outubro de 2012. Entrevistadores: Bruna Gottardo e Bernardo Buarque.

A preocupação em permitir a análise de pontos ainda não abordados pelos estudos tradicionais sobre o tema resultou numa delimitação mais precisa do universo de entrevistados (1954-82). Tal universo propiciou o refinamento de um conjunto de questões que configuram uma abordagem específica acerca da história do futebol no Brasil do século XX.

O privilégio dado aos atletas que conquistaram o campeonato mundial recorta decerto um segmento de personagens bem restrito, quando se considera o vasto conjunto de profissionais envolvidos nas atividades cotidianas do futebol. Mesmo quando se opera com esse filtro seleto, por meio da observação das relações específicas estabelecidas no campo das práticas esportivas, ao longo de diferentes temporalidades, é factível a composição de um conhecimento rigoroso acerca de alguns conceitos centrais, capazes de sustentarem tais possibilidades interpretativas.

É possível discutir as noções de segmentação e hierarquia no interior do campo esportivo. Conquanto o critério adotado para a seleção dos depoentes possa fazer transparecer uma certa objetividade associada a esse padrão seletivo, é importante ressaltar que os elementos que articulam essa delimitação (Seleção Brasileira, Copa do Mundo) são produções construídas a partir das práticas sociais constitutivas do campo.

Portanto, tais critérios podem ser encarados como objetos da reflexão e da pesquisa social. Para tanto, é fundamental a percepção desses elementos na perspectiva da diacronia, qual seja, a busca pela compreensão dos diferentes significados que tais elementos vieram a assumir ao longo do tempo. Se hoje é possível atribuir reputação e notoriedade a um atleta nacional de futebol, deve-se estar ciente que tal valor atribuído não estava constituído nos mesmos termos, durante as décadas de 1930 ou 1950, e nesse sentido a supracitada tese de Clément é certeira ao identificar a problemática da valorização/desvalorização profissional nesse interstício.

Um exemplo inequívoco pode ser buscado no depoimento do jogador Amarildo, cujo pai, Amaro Silveira, tomara parte em diferentes formações do selecionado brasileiro na década de 1930. Para Amarildo, a convocação e a participação do pai na Seleção não interferiram significativamente nos rumos de sua carreira esportiva. Amaro continuou a jogar no Goytacaz, modesto time da cidade de Campos, no Norte Fluminense, e tivera de exercer uma gama de outras atividades laborais para dar sustento à família.

Para Amarildo, a participação do selecionado no campeonato mundial em 1962 e sua transformação em personagem literário-jornalístico — recebeu de Nelson Rodrigues a alcunha de "o possesso", depois dos jogos no Chile — condicionaram os rumos futuros de sua carreira: uma longa inserção no futebol italiano, a conversão a treinador, o casamento com uma estrangeira e o *status* internacional.

A comparação poderia ser estendida à passagem geracional que une e separa Domingos da Guia e seu filho, Ademir da Guia. Ainda que não entrevistado no Projeto, a relação de Pelé com o pai, um jogador impedido de prosseguir na carreira por conta de uma contusão, poderia ser considerada ilustrativa nessa linha de raciocínio (Toledo, 2004).[3]

**Figura 3**
**Entrevista com o ex-jogador Ademir da Guia, nas dependências do Auditório Armando Nogueira, Museu do Futebol**

Fonte: FGV CPDOC. Data da entrevista: 7 de dezembro de 2011. Na câmera, o estagiário Fernando Herculiani, então graduando em História na USP.

---

3 Durante e após o projeto, ocorreu uma série de mesas e de eventos para a apresentação dos resultados ou do andamento da pesquisa. Alguns deles se deram no próprio Auditório Armando Nogueira, nas dependências do Museu do Futebol, e na sede matriz da FGV CPDOC, no Rio de Janeiro. Encontros científicos como os promovidos pela Associação Brasileira de História Oral (Abho), em seu Simpósio Temático de Esportes e Práticas Corporais, também foram espaços para apresentação do trabalho.

Dessa forma, percebe-se que o sentido distintivo configurado graças à presença em um selecionado nacional veio a se constituir a partir de alterações operadas em nível societário e desportivo. No período que antecedeu a Copa de 2014, tal distinção rendeu um debate acalorado entre os próprios campeões mundiais, em especial, protagonizado por Carlos Alberto Torres e Tostão. Eles polemizaram de forma pública se deveriam aceitar ou não benesses de aposentadoria oferecidas pelo Estado em razão dos feitos de outrora, conforme outorgado pelo governo federal no segundo mandato do governo Lula.

Para além de polêmicas circunstanciais, importa aqui compreender como os diferentes atores verbalizam e configuram essas hierarquizações e as práticas sociais ao longo do tempo, de modo a observar a maneira pela qual os elementos orientadores da ação social são internalizados e repercutidos pelos diferentes personagens.

A compreensão das diferentes lógicas que orientam as práticas no interior do campo pode ser alcançada por meio da observação das histórias de vida recompostas neste Projeto. A análise dos padrões de atividade, da conformação das carreiras e das opções exercidas pelos personagens compreende os fatores estruturantes do campo. A especificidade de uma sociologia das profissões aplicada ao futebol — discussão foi encetada, de maneira pioneira, pelo antropólogo Ricardo Benzaquen de Araújo (1981), em sua dissertação de mestrado defendida no Museu Nacional e intitulada *Os gênios da pelota: um estudo do futebol como profissão* —, mediante a consideração das diferentes ambiências institucionais e dos graus de interação entre as agências (clubes, federações, imprensa), é um desses componentes estruturais.

Pode-se observar de que maneira a gradativa institucionalização dos clubes e da Seleção — o desmembramento da CBD em CBF — norteou as práticas e a estruturação do campo desportivo, conforme estudo precursor de história institucional de um dos integrantes da equipe do CPDOC (Sarmento, 2013). Esse movimento, no entanto, não seguiu um fluxo contínuo. Ele indica, de forma surpreendente, o convívio entre *locus* de especialização/profissionalização e as instâncias amadoras de organização do "futebol de espetáculo" (Damo, 2007).

Diante desse cenário, foi possível constatar como alguns personagens transitaram entre o ambiente da "várzea" (de baixa institucionalização) e a matriz espetacularizada, ainda para seguir a terminologia tipológica do antropólogo Arlei Damo, ao lado de três outras apreensões de ordem matricial: comunitária, escolarizada e bricolada. Podem com isso, inclusive, não realizar uma transição definitiva entre esses dois universos.

Nos depoimentos de Mengálvio, Joel Camargo e Paraná, por exemplo, percebemos como os jogadores se iniciavam em ambientes de baixa institucionalização (sem estrutura material, sem vínculos formais, sem organização do tempo entre as atividades cotidianas de treinamento) e percebiam, ao ingressar nos clubes formalizados, o contraste entre esses dois universos: hierarquia de categorias, prevalência das figuras do diretor e do treinador, ambiente de influências sociopolíticas etc.

Em certos casos, os jogadores mantinham suas inserções nos espaços formais e não formais de prática desportiva. Garrincha, jogador profissional dos quadros do Botafogo de Futebol e Regatas, disputava o torneio amador das equipes da região de Magé, quando regressava ao vilarejo natal de Pau Grande, conforme sugere o registro fílmico de Joaquim Pedro de Andrade, em 1963.

Em alguns domingos, segundo relatavam João Saldanha, Paulo Mendes Campos e mais tarde Rui Castro, Garrincha saía inadvertidamente da concentração para disputar partidas amadoras e retornava a tempo de jogar uma partida oficial pelo clube ao qual era oficialmente filiado.

Índio, já campeão estadual pelo Flamengo e tendo disputado uma Copa do Mundo (1954), costumava se apresentar para jogar partidas por times amadores da região do subúrbio da Leopoldina, no Rio de Janeiro, corroborando o sentido lúdico dessa prática. Um tipo de circulação dos atletas acessível apenas por meio de relatos orais, uma vez que dificilmente era noticiado pela cobertura jornalística. Para além do anedotário de cunho folclorizante, essas ocorrências sublinham como o processo de especialização/institucionalização configurou zonas de interseção que, ao longo do tempo, terminaram por ser suplantadas pela hierarquia do modelo profissional confederação/federação/clube.

A legitimação dos clubes de futebol, por meio do processo de reconhecimento e filiação às federações, aliou-se à prevalência do modelo de profissionalização. Este contribuiu para o estabelecimento de uma hierarquia piramidal que atrelava e subsumia as entidades desportivas ao CND, desde seu surgimento em 1941. Em termos bourdieusianos (Bourdieu, 1983), a hierarquização foi reiteradamente incorporada às práticas dos agentes inseridos no campo, dotado, como é recorrente em sua sociologia, de autonomia relativa.

Em diversos depoimentos, foi possível observar como os jogadores de futebol eram submetidos a uma socialização nas novas práticas e nos rituais de alto rendimento que caracterizavam o ambiente do clube. Basta tão somente apontar o caso de Zico, nos anos 1970, já sob o impacto das técnicas adotadas pela educação física na conformação do preparo atlético e do tônus muscular que alterava a fisionomia e a anatomia dos jogadores.

A inserção nos alojamentos, a disciplina dos horários de treinamento, o convívio com os jogadores do time principal, as relações com os treinadores e médicos, todos esses procedimentos, em conjunto, demarcavam as fronteiras e buscavam o estabelecimento de uma postura que reconhecesse no futebol uma profissão, com códigos estáveis e com ações previsíveis.

Em alguns depoimentos, percebe-se de que modo a relação com o massagista e/ou com o departamento médico era eivada de conflitos, como nos casos das contusões de Pepe na Copa de 1958 e de Coutinho na de 1962. Entre eles, Reinaldo, entrevistado da Copa de 1978, foi outro que frisou ter sido prejudicado pelo estágio de conhecimento técnico dos problemas médicos enfrentados em seu tempo.

Afora as lesões, a prática das punições operava um papel pedagógico e procedia à filtragem dos elementos admitidos no campo. Há registros de brigas na concentração, contestações ao veto de sexo, violação de proibições de fumo ou álcool e mesmo desentendimentos diretos com treinadores. Em todas essas situações, os depoimentos indicam que, independentemente do grau de punição — demissão, suspensão, reclusão —, havia, da parte dos jovens admitidos nos clubes para a prática do futebol profissional, o reconhecimento de um conjunto de regras como definidoras da ação dos indivíduos.

Mesmo para aqueles que renegaram, inicialmente, a submissão a essa regulação, fica evidente que o estigma e a marginalização constituíam empecilhos intransponíveis para a construção de uma possível carreira no futebol. Desta forma, a institucionalização passa a prevalecer como forma predominante no campo e dita os parâmetros norteadores da prática e das relações estabelecidas entre os jogadores e os demais agentes.

A par dos marcos de institucionalização, rotinização, autonomização e hierarquização, é lícito reconstituir parte do processo de configuração da prática do futebol no Brasil, desde meados do século XX. Fica evidente que funções específicas passam a ser desempenhadas, instituições passam a auferir legitimidade e alguns atores vêm a exercer atividades cada vez mais especializadas.

Se, por um lado, tem-se instituições como federações estaduais, tribunais nacionais, associações classistas em estruturação, por outro, se vê o crescimento de importância dos papéis de fisiologista, fisioterapeuta, psicólogo, jornalista esportivo e assessor de imprensa. Alguns depoentes, neste sentido, mencionam a submissão pela primeira vez a exame clínico no espaço do clube, e em conformidade com as obrigatoriedades estabelecidas pela instituição.

Embora não tenha sido de início o tema explorado, acredita-se ser necessário investigar com maior atenção o papel desempenhado pela imprensa na configuração do campo desportivo no Brasil. É perceptível, em algumas entrevistas, o reconhecimento, demonstrado pelos jogadores, do papel da imprensa como fomentadora/articuladora das relações torcida-clube, da imagem estabelecida em torno do selecionado nacional e da definição de formas de compreensão das diferentes funções exercidas no interior do campo.

Por fim, consideram-se relevantes as indicações acerca do processo de legitimação da Copa do Mundo como evento central nas relações estabelecidas em torno da Seleção Brasileira. À medida que esse evento cresce e se monumentaliza, decrescem em importância, ou se tornam subsidiários, torneios outrora relevantes, tais como a Copa Roca, a Copa Rio Branco, o Campeonato Sul-Americano, sendo este substituído pela Copa América em 1975.

A construção institucional da Seleção, bem como a sua gradativa legitimação simbólica, passou a operar uma dinâmica específica no conjunto de relações que permeiam as práticas de jogadores, clubes, federações e imprensa. A temática demarca uma maior pertinência no discurso dos atletas da geração pós-1960, dado o papel fulcral exercido, em contraste, pela derrota de 1950, seguida pelo título mundial de 1958. Procurou-se investigar, nessa geração redentora do *maracanazzo*, a constituição da autoimagem dos selecionados e a redefinição de seu *status* específico, quando o conjunto de práticas se altera de modo substantivo no decorrer das décadas.

Feita uma abordagem em plano macro da série de depoimentos, com a incursão pontual em busca de rendimentos analíticos para aspectos gerais que apenas uma temática pode suscitar, a exemplo da origem e do destino da precoce carreira de futebolista, iremos focar na próxima seção uma apreciação mais centrada nos relatos dos jogadores que participaram da Copa de 1970, com especial atenção à edição fílmica produzida para difusão pelo NAD ao final do projeto.

## O produto: a fonte audiovisual na era da acessibilidade digital

Como indicou o cineasta Eduardo Escorel, em texto integrante da coletânea *CPDOC 30 anos* (Escorel, 2003), a gravação de relatos orais em vídeo amplia as potencialidades de uso das entrevistas. A adoção de um suporte audiovisual, que em formato digital facilita os processos de edição, e a riqueza de detalhes proporcionada pela composição entre som e imagem, com o registro da expressividade dos depoentes, permitem seu melhor aproveitamento em obras cinematográficas e outras realizações do gênero. Uma possibilidade que pôde ser incorporada pelo próprio CPDOC, onde os depoimentos gravados passaram a ser desdobrados em produtos que alargassem a divulgação do conteúdo das entrevistas.

Para tais rendimentos foi central a existência de um corpo técnico como aquele reunido pelo NAD, que não apenas ofereceu orientação especializada para a gravação das entrevistas em vídeo, como proporcionou condições para a elaboração de produtos audiovisuais a partir do conteúdo registrado. A existência de tal estrutura no CPDOC apontava para a exploração de novas potencialidades dos depoimentos preservados pela instituição.

Uma iniciativa inovadora que se desenvolveu em paralelo a outras reflexões sobre os usos do audiovisual como linguagem para a produção de pesquisas em história oral. Como, por exemplo, aquelas conduzidas pelo Laboratório de História Oral e Imagem da Universidade Federal Fluminense (Labhoi/UFF), com a criação do que chamaram de filme historiográfico (Mattos, Abreu e Castro, 2017).

Tendo em vista o *corpus* de entrevistas produzido no decorrer do projeto "Futebol, Memória e Patrimônio", optou-se por um recorte temático de grande interesse público e com um amplo número de depoentes para a produção de um documentário constituído com base nos relatos reunidos, uma escolha que recaiu sobre a realização da Copa do Mundo de 1970. A competição em questão é um dos episódios mais emblemáticos da trajetória do futebol no Brasil. A seleção de atletas que representaram o país naquela ocasião é tida como a que alcançou o desempenho mais notável na história das copas, decorrente da combinação de uma geração brilhante de jogadores e de uma preparação que mobilizava as mais modernas técnicas do condicionamento físico da época (Soares, 1998). Do ponto de vista da política nacional, foi um torneio que se realizou em meio à fase mais dura da ditadura civil-militar no país, com a apropriação propagandística do sucesso do escrete canarinho pelo regime em vigência (Magalhães, 2013; Couto, 2014).

Entre os 22 atletas convocados para aquela competição, 20 deles estavam vivos no período de realização do projeto, que conseguiu entrevistar 15 deles. Apenas um, o meia Roberto Rivellino, fez seu relato depois da edição do conteúdo, de modo que a obra pôde reunir as narrativas de 14 tricampeões do mundo. Com o material gravado em mãos, realizou-se a produção de *Copa de 1970: depoimentos de jogadores da seleção*,[4] documentário de 50 minutos de duração (NAD, 2012).

---

4 Disponível em: <https://www.youtube.com/watch?v=DM-QPQ45T_A>. Acesso em: 3 jan. 2023.

A composição da obra seguiu estrutura que remete ao roteiro de perguntas para os depoimentos, dividindo as falas em três grandes momentos: a preparação para o torneio, a realização dos jogos e o retorno da seleção vitoriosa ao Brasil. A possibilidade de contar com os depoimentos de um vasto número de atletas integrantes daquele selecionado, os quais ocuparam posições de titulares e reservas, permite que o documentário explore diferentes pontos de vista sobre controvérsias que ainda hoje mobilizam debates sobre os significados daquele evento.

É o caso, por exemplo, do tema que abre a produção, qual seja, a polêmica demissão do técnico João Saldanha a menos de três meses da estreia brasileira na Copa do Mundo de 1970, depois de uma campanha invicta nas eliminatórias para o torneio. Os relatos dos atletas, boa parte deles convocados anteriormente pelo treinador dispensado, são exemplares da proliferação de interpretações para o evento, com versões que vão da retirada do maior astro daquele grupo, Pelé, do time titular até a rejeição da convocação do atacante do Atlético Mineiro, Dario, um pedido do ditador Garrastazu Médici, com a célebre declaração de Saldanha de que "Ele escala o ministério, eu, a seleção".

Sobre esse tópico, destaca-se a narrativa de um dos pivôs do episódio, o ex-centroavante Dario, que se defende da polêmica e que ressalta seu mérito, ao ter assinalado a notável marca de 69 gols na temporada, como a principal razão de sua convocação para o mundial. Nessa passagem do filme, a opção pelo registro em vídeo demonstra enorme aproveitamento, uma vez que a narrativa oral e a expressividade do ex-atleta se complementam. Quando comenta sobre o ressentimento pelo fato de ainda hoje ser atribuída à intervenção do ditador a sua chamada e não ao seu desempenho esportivo, é a pausa na fala, com a expressão "então" e o olhar para cima, como que revendo as lembranças de um assunto que o incomoda, que permitem ao espectador compreender o quanto o narrador se afeta pelo episódio e por suas repercussões ao longo de sua vida.

**Figura 4**
**Entrevista do ex-centroavante Dario no documentário *Copa de 1970: depoimentos de jogadores da seleção***

Fonte: FGV CPDOC. Data da entrevista: 10 de julho de 2011.

Ao examinar o desenrolar da competição, a obra recupera narrativas, partida a partida, recompondo o percurso da Seleção brasileira na Copa do Mundo de 1970. Com relatos de reservas e titulares, amplia-se a percepção acerca do evento com a sobreposição de olhares de dentro e de fora do campo, com a rememoração de atitudes das torcidas e a emergência de fatos que tiveram lugar nos bastidores da preparação e que repercutiam no desenvolvimento dos jogos. Ao longo dos depoimentos, a dramatização feita pelos entrevistados remete a uma "incorporação" da memória, no sentido de sua apreensão pelas próprias corporeidade e gestualidade dos atletas. Profissionais que tinham na repetição e na automatização das reações motoras um dos aspectos centrais de seu *métier.*

O relato do ex-goleiro Félix, titular durante toda a campanha, é exemplar da incorporação do gesto ao ato de rememorar. É o que se observa na sequência em que comenta sobre a defesa que ele realizou naquela que é considerada a mais difícil partida da trajetória brasileira na Copa de 1970, o jogo contra a, então campeã mundial, Inglaterra. A sequência de *frames* a seguir demonstra a interpretação do narrador, enquanto relatava o fato.

**Figura 5**
**Entrevista do ex-goleiro Félix no documentário *Copa de 1970: depoimentos de jogadores da seleção***

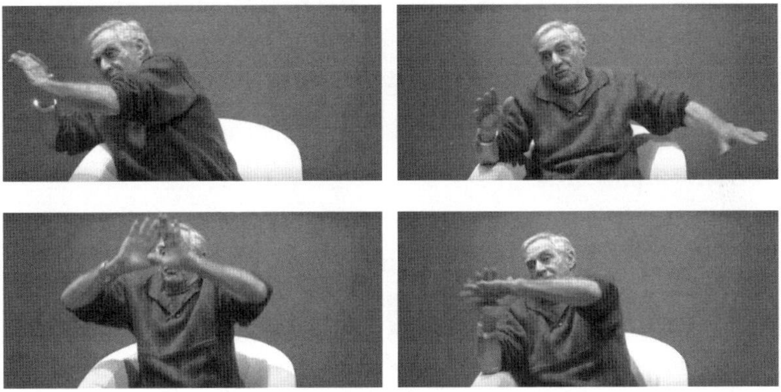

Fonte: FGV CPDOC. Data da entrevista: 1º de setembro de 2011.

É apenas na composição entre oralidade e gestualidade que o relato do ex-goleiro se realiza, de modo que a passagem ganha outra dimensão a partir do momento em que é registrada por meio do vídeo. Uma das figuras mais contestadas do 11º titular da Copa de 1970, Félix teve na partida contra a Inglaterra a sua redenção, sendo responsável direto por sustentar a magra vitória por 1 × 0, como ao realizar a defesa descrita no documentário.

A gestualidade também emerge no relato do ex-lateral direito e capitão da conquista de 1970, Carlos Alberto Torres. Depois de uma bem-sucedida carreira como atleta, encerrada com sua passagem pelo New York Cosmos, dos EUA, ele se converteu, a partir de 1983, em treinador, comandando equipes do Brasil e do exterior por mais de 20 anos. Ao conceder entrevista para o projeto "Futebol, Memória e Patrimônio", ele já estava afastado da beira dos gramados, mas sua linguagem corporal ainda mantinha certos cacoetes de técnico, como na narrativa sobre a solução encontrada pelos brasileiros para se desvencilhar da marcação que o selecionado uruguaio impunha à saída de bola do escrete canarinho, em especial ao meia Gérson.

Com o uso das mãos, Carlos Alberto Torres vai desenhando a distribuição dos atletas, as linhas de passes e a inversão de posições dos jogadores que permitiu que o meia Clodoaldo, desmarcado, assinalasse o gol que tirou o time da situação de desvantagem em que se encontrava. Os *frames* a seguir registram passagens dessa narrativa.

**Figura 6**
**Entrevista do ex-lateral direito e capitão, em 1970, Carlos Alberto Torres no documentário *Copa de 1970: depoimentos de jogadores da seleção***

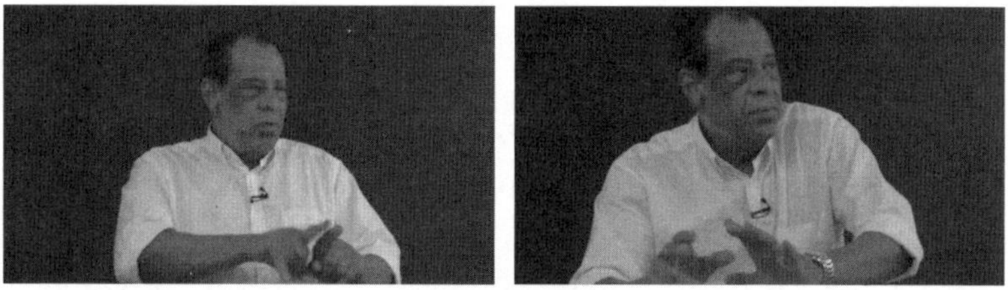

Fonte: FGV CPDOC. Data da entrevista: 23 de janeiro de 2012.

Os casos de Félix e de Carlos Alberto Torres são exemplares da linguagem gestual que é inerente ao comentário esportivo, permeado por demonstrações corporais da *performance* atlética. A expressividade postural, contudo, não se restringe apenas à rememoração do desenrolar das partidas. Ela também se integra à oralidade e à manifestação de emoções. O documentário *Copa de 1970* encerra-se com as narrativas acerca do retorno dos atletas ao Brasil e as celebrações que se seguiram à conquista do tricampeonato. Entre elas, as apropriações que o regime ditatorial fez da consagração máxima do selecionado nacional, com a recepção dos jogadores em Brasília, pela cúpula do governo federal.

Entre os comentários escolhidos sobre o assunto, está o de Wilson Piazza, que discorre sobre a contradição entre a celebração em torno da maior realização profissional que aquele grupo de atletas poderia almejar em suas carreiras e os usos políticos que se faziam da conquista alcançada por aqueles jogadores. Em uma leitura retrospectiva, atento às implicações históricas do regime ditatorial para o país, o jogador adota uma postura corporal mais defensiva, ao justificar o foco da equipe em garantir a Copa do Mundo e o distanciamento dos debates sobre as possíveis apropriações de seu sucesso esportivo. Os ombros encolhidos, as palmas da mão voltadas para o alto, o olhar para o chão expressam o embaraço do ex-volante e zagueiro ao tratar do tema, como se observa no *frame* a seguir.

**Figura 7**
**Entrevista do ex-zagueiro na seleção de 1970, Wilson Piazza, no documentário *Copa de 1970: depoimentos de jogadores da seleção***

Fonte: FGV CPDOC. Data da entrevista: 1º de dezembro de 2011.

Realizado em 2012, o documentário pôde circular em eventos acadêmicos diversos, a exemplo de encontros da Associação Nacional de Pós-Graduação e Pesquisa em Ciências Sociais (Anpocs), da Sociedade Brasileira de Sociologia (SBS) e da Associação Brasileira de História Oral (Abho), além de ser exibido em congresso na sede da Federação Internacional de Futebol Associado (Fifa), em Zurique, na Suíça, em 2013, com legendas em inglês. Mais recentemente, em 2020, passou a ser veiculado no canal de *YouTube* do NAD,[5] tendo alcançado, até o mês de janeiro de 2022, mais de 210 mil visualizações, o que aponta para a abrangência que produtos de divulgação como esse podem ter.

Ao atrelar as reflexões históricas, que orientaram toda a elaboração do projeto, bem como a produção da obra fílmica, com os depoimentos de ex-atletas renomados ligados ao esporte mais popular do país, *Copa de 1970* conseguiu atingir um público mais abrangente do que aquele consulente de arquivos em história oral ou leitor de artigos e livros circulantes no meio acadêmico. Tal recepção indica a potencialidade da adoção de novos formatos para a comunicação de pesquisas em história.

## Considerações finais

Um longo percurso se deu desde o início da trajetória do PHO do CPDOC, em meados dos anos 1970, com as primeiras experimentações do registro de depoimentos em áudio, até os dias atuais, em que a produção de entrevistas gravadas em vídeo se torna preponderante na instituição. A utilização de formatos digitais amplia as possibilidades de edição, de criação de novos produtos

5 Disponível em: https://youtu.be/DM-QPQ45T_A. Acesso em: 12 out. 2021.

e de veiculação dos materiais originados das pesquisas. Como se viu no caso do projeto "Futebol, Memória e Patrimônio" que teve trechos de depoimentos disponibilizados em site específico, além da realização de um documentário, as potencialidades de circulação dos conteúdos são amplificadas pelas inovações técnicas e metodológicas adotadas.

Inventividade, criatividade e experimentação que são inerentes ao estabelecimento da história oral como método de pesquisa, sempre atento às novas possibilidades ofertadas pelo avanço tecnológico. Transformações que, por vezes, podem nos reconectar com os acervos que se constituíram na experiência do CPDOC. É isso que parece apontar a recente ascensão do formato *podcast*,[6] cada vez mais popular no entretenimento, mas também na divulgação científica, que abre possibilidades de reúso de um vasto conteúdo de registros sonoros preservados pela instituição. Um processo de reinvenção constante, em que o fim e o começo, por vezes, podem se tocar, para, a partir daí, desembocar em novos e fascinantes percursos.

## Referências

ADAMS, Carly; CRONIN, Mike. Sports and oral history. *The International Journal of the History of Sport*, Londres, v. 36, 2019, p. 1.131-1.135.

ALBERTI, Verena. *Manual de história oral*. 3. ed. rev. e atual. Rio de Janeiro: FGV Editora, 2005.

---

6 Exemplo disso, é a utilização de entrevistas do acervo do CPDOC em episódios do *podcast Casa das humanidades*, uma produção da própria instituição. Disponível em: https://anchor.fm/casa-das-humanidades. Acesso em: 12 out. 2021.

AMADO, Janaína. Conversando: o CPDOC no campo da história oral. In: CAMARGO, Célia et al. *CPDOC 30 anos*. Rio de Janeiro: FGV Editora, 2003, p. 59-84.

ARAÚJO, Ricardo Benzaquen de. *Os gênios da pelota*: um estudo do futebol como profissão. Dissertação (mestrado em antropologia social) — Universidade Federal do Rio de Janeiro, Rio de Janeiro, 1981.

ASTRUC, Clément. *Le football brésilien à travers le monde*: enjeux d'une projection internationale par le sport (1945-1979). Tese (doutorado) — Institut des Hautes Etudes en Amérique Latine, Sorbonne Paris III, Paris, 2015.

BOURDIEU, Pierre. Como é possível ser esportivo? In: _____. *Questões de sociologia*. Rio de Janeiro: Marco Zero, 1983, p. 136-153.

CORRÊA, Ricardo Santhiago. *Método, metodologia, campo*: a trajetória intelectual e institucional da história oral no Brasil. São Paulo: Tese (doutorado em história social) — Universidade de São Paulo, São Paulo, 2013.

COUTO, Euclides de Freitas. *Da ditadura à ditadura*: uma história política do futebol brasileiro (1930-1978). Niterói: Editora da UFF, 2014.

DAMO, Arlei. *Do dom à profissão*: formação de futebolistas no Brasil e na França. São Paulo: Aderaldo & Rothschild, 2007.

D'ARAÚJO, Maria Celina. *Fundação Getulio Vargas*: concretização de um ideal. Rio de Janeiro: Ed. Fundação Getulio Vargas, 1999.

ESCOREL, Eduardo. Vestígios do passado: acervo audiovisual e documentário histórico. In: CAMARGO, Célia et al. *CPDOC 30 anos*. Rio de Janeiro: FGV Editora, 2003, p. 45-58.

FERREIRA, Marieta de Moraes; FERNANDES, Tânia Maria; ALBERTI, Verena (Org.). *História oral*: desafios para o século XXI. Rio de Janeiro: FGV Editora, 2000.

AMADO, Janaína (Org.). *Usos e abusos da história oral*. Rio de Janeiro: FGV Editora, 2006.

HEYMANN, Luciana; ALBERTI, Verena. Acervos de história oral: um patrimônio silencioso. In: BAUER, Letícia; BORGES, Viviane Trindade (Org.). *História oral e patrimônio cultural*: potencialidades e transformações. São Paulo: Letra e Voz, 2018, p. 13-28.

HOLLANDA, Bernardo Borges Buarque de. "Futebol, memória e relatos orais: a trajetória de ex-jogadores da Seleção Brasileira e as narrativas memorialísticas das Copas do Mundo FIFA, entre 1952 e 1982. *Revista de História Oral*, v. 20, n. 1, jan./jun. 2017, p. 101-123.

LEITE LOPES, José Sérgio. Movimentos sociais e classes trabalhadoras: uma linha de pesquisa subsidiária estratégica. In: CAMARGO, Célia et al. *CPDOC 30 anos*. Rio de Janeiro: FGV Editora, 2003, p. 153-178.

MAGALHÃES, Lívia Gonçalves. *Com a taça nas mãos*: sociedade, Copa do Mundo e ditadura no Brasil e na Argentina. Doutorado (história) — Universidade Federal Fluminense, Niterói, 2013.

MANNHEIM, Karl. Isolamento social. In: CARDOSO, Fernando Henrique; IANNI, Octávio (Org.). *Homem e sociedade*. São Paulo: Companhia Editora Nacional, 1965, p. 153-160.

MATTOS, Hebe; ABREU, Martha; CASTRO, Isabel. Da história oral ao filme de pesquisa: o audiovisual como ferramenta do historiador. *História, Ciências, Saúde — Manguinhos*, Rio de Janeiro, v. 24, n. 4, out./dez. 2017, p. 1.147-1.160.

NÚCLEO DE AUDIOVISUAL E DOCUMENTÁRIO. *Copa de 1970*: depoimentos de jogadores da seleção. Documentário, 50 min. Rio de Janeiro; São Paulo: FGV CPDOC; Museu do Futebol, 2012. Disponível em: https://youtu.be/DM-QPQ45T_A. Acesso em: 12 out. 2021.

OLIVEIRA, Paulo de Salles. Sobre *Memória e sociedade*. *Revista USP*, São Paulo, n. 98, 2013, p. 87-94.

QUEIROZ, Maria Isaura Pereira de. *Variações sobre a técnica de gravador no registro da informação viva*. São Paulo: T. A. Queiroz, 1991.

_____. História, história oral e arquivos na visão de uma socióloga. In: FERREIRA, Marieta de Moraes (Org.). *História oral e multidisciplinaridade*. Rio de Janeiro: Ed. FGV, 1994, p. 153-178.

RÉMOND, René (Org.). *Por uma história política*. Rio de Janeiro: FGV Editora, 2003.

SARMENTO, Carlos Eduardo. *A construção da nação canarinho*: uma história institucional da seleção brasileira de futebol (1914-1970). Rio de Janeiro: FGV Editora, 2013.

SELAU, Maurício da Silva. História oral: uma metodologia para o trabalho com fontes orais. *Revista Esboços*, Florianópolis, n. 11, 2004, p. 211-228.

SOARES, Antonio Jorge Gonçalves. *Futebol, raça e nacionalidade no Brasil*: releitura da história oficial. Tese (doutorado em educação física) — Universidade Gama Filho, Rio de Janeiro, 1998.

STONE, Lawrence. Prosopografia. *Revista de Sociologia e Política*, Curitiba, v. 19, n. 39, jun. 2011, p. 115-137.

TOLEDO, Luiz Henrique de. *Lógicas no futebol*. São Paulo: Hucitec, 2002.

_____. Pelé: os mil corpos do rei. In: OLIVEIRA, José; GARGANTA, Júlio; MURAD, Maurício (Org.). *Futebol de muitas cores e sabores*. Porto: Campo das Letras, 2004, p. 147-166.

VOGEL, Arno. O momento feliz: reflexões sobre o futebol e o ethos nacional. In: DAMATTA, Roberto (Org.). *Universo do futebol*: esporte e sociedade brasileira. Rio de Janeiro: Edições Pinakotheke, 1982, p. 75-116.

ZUMTHOR, Paul. *Performance, recepção, leitura*. São Paulo: Ubu, 2018.

# 4. O projeto "História Oral do Supremo"

*Marco Aurélio Vannucchi*
*Fernando Fontainha*
*Izabel Nuñez*
*Leonardo Sato*

## 1. Objetivos e execução do projeto: da estruturação aos bastidores

O projeto "História Oral do Supremo" foi concebido com algumas particularidades que merecem ser explicitadas. Desde seu início, estava muito clara a delimitação dos entrevistados, que consistiriam nos ministros do Supremo Tribunal Federal (STF) entre 1988 e 2013, de modo a abarcar os intérpretes da Corte Suprema nos 25 anos da Constituição Federal de 1988. A pesquisa se orientava para uma biografia institucional do STF, ou seja, objetivava produzir uma história oral da instituição por meio das trajetórias biográficas de seus ministros. Ou, ainda, formou-se uma biografia institucional do STF por meio da biografia coletiva de seus ministros, com base em seus próprios relatos orais. Significa dizer, portanto, que o projeto foi orientado para constituir uma história institucional mediante a história oral de seus principais agentes.

A história oral como recurso de pesquisa e de registro de fontes históricas remonta ao acesso às tecnologias de gravação de dados em voz, para capturar a oralidade. A metodologia encontrou terreno fértil e praticamente infindável nas experiências que dificilmente poderiam ser reduzidas a termo escrito, que provavelmente fontes históricas escritas não produziriam. As versões, narrativas ou relatos passaram a ser capturados prioritariamente em meios tipicamente orais, dando proveito ao maior potencial do método: produzir fontes históricas dessa natureza.

O projeto certamente criou alguma estranheza entre a proposta metodológica e o rol de entrevistados. Afinal, produzir fontes históricas orais a partir de relatos de ministros do STF talvez fosse um esforço desnecessário. A princípio, esses entrevistados não necessitariam dele para resultarem em produtos de pesquisa, dado que sua função é oficial e largamente documentada. A estranheza, entretanto, é partilhada por uma série de pesquisas que caracterizam uma linha da história oral que se dedica a instituições e organizações.

A pesquisa dedicou-se a uma das instituições de cúpula da organização do Estado, no ápice do Poder Judiciário brasileiro, coletando relatos de entrevistados claramente pertencentes a um grupo de elite. Os personagens são publicamente conhecidos, bem como muitos de seus elementos biográficos. Ainda assim, o produto se mostrou muito interessante, inovador, com abordagens e resultados expressivos: a constituição acadêmica de dados biográficos de ministros do STF, organizados em sua própria projeção pessoal, na formulação oral, relacionando-se a eventos políticos, trajetórias de vida, constituição de redes de sociabilidades, concepções institucionais, escolhas profissionais, concepções jurídicas, entre outros temas. Observou-se que, apenas por esse método-fonte-técnica, esses resultados poderiam ter sido obtidos. Para além, todos os levantamentos para as entrevistas vieram a constituir também resultados de pesquisa.

Por mais que o método da história oral esteja já ampla e solidamente descrito e manualizado, sua execução é sempre objeto de discussão. Cada pesquisa é uma, cada entrevista é única, cada etapa é uma etapa. Assim, perpassaremos por tópicos metodológicos do projeto, mostrando sua experiência em relação à história oral como método, técnica e disciplina. Serão explicitados, assim, aspectos de organização e execução do projeto, com o fito de destacar os preparativos da pesquisa, o uso do método e seus resultados, para apresentar uma história oral sendo performada. Ademais, procuraremos responder uma questão central: como ele foi idealizado, organizado e adaptado como pesquisa em história oral? O esforço principal consiste em levantar tópicos quanto à organização e ao planejamento de pesquisas em história oral, levando em conta algumas de suas especificidades: equipes grandes e de formação diversa, entrevistados de difícil acesso, intento de realizar uma história institucional.

## 1.1 Organização inicial do projeto

A ideia inicial da pesquisa surgiu de longeva relação pessoal e profissional entre o professor Joaquim Falcão, então diretor da FGV Direito Rio, e o ministro Nelson Jobim, que fora deputado federal constituinte, duas vezes ministro de Estado (Justiça e Defesa) e ministro do STF (1997-2006). Juntos, desenharam o embrião da pesquisa, uma parceria acadêmica entre escolas da FGV: de Direito do Rio de Janeiro e de São Paulo, e o Centro de Pesquisa e Documentação de História Contemporânea do Brasil (CPDOC). Assim, o Conselho Consultivo foi composto pelos diretores das três escolas, Joaquim Falcão, Oscar Vilhena Vieira e Celso Castro, bem como pelos professores Mário Brockmann Machado, José Reinaldo de Lima Lopes, Diego Werneck Arguelhes, Pedro Abramovay e Daniel Barcelos Vargas.

O Conselho, que esporadicamente se reuniu para acompanhar o desenvolvimento da pesquisa e seus fundamentos acadêmicos, apontou o nome do ministro Nelson Jobim para ser seu coordenador-geral,[1] e do professor Fernando Fontainha (atualmente no Instituto de Estudos Sociais e Políticos da Universidade do Estado do Rio de Janeiro — Iesp-Uerj) para ser seu coordenador institucional pela FGV, bem como coordenador da equipe da FGV Direito Rio. Para coordenar a equipe de São Paulo foi indicado o professor Rafael Mafei Rabelo Queiroz (atualmente na Faculdade de Direito da Universidade de São Paulo — FDUSP), e para coordenar a equipe do CPDOC, num primeiro momento, a professora Christiane Jalles de Paula (atualmente na Universidade Federal de Juiz de Fora — UFJF), e, em seguida, os professores Angela Moreira e Marco Aurélio Vannucchi, ambos vinculados ao CPDOC.

Uma das primeiras tarefas da coordenação foi a elaboração de um orçamento para ser submetido à Presidência da FGV, que o aprovou. Além da remuneração da equipe que não possuía vínculo formal com a FGV, foram necessários recursos para passagens aéreas e diárias, serviços de filmagem, montagem e edição, transcrição, revisão e copidesque, além de material bibliográfico e de consumo, num cronograma de execução de dois anos (2012 a 2014).

---

1 O ministro Jobim tomou parte do projeto na condição de *nativo*. Por *nativo* nos referimos a uma posição dentro do campo pesquisado, sem esquecer todas as complexidades que o termo encerra em si. O conceito de *nativo* ou de pesquisador nativo relaciona-se com o colonialismo (Narayan, 1993). O que ele, datado nos tempos de colonialismo europeu, à época ignorava é que, mesmo para um *insider*, é impossível ser onisciente: todos olhamos para uma perspectiva a partir do nosso local particular dentro da sociedade ou do contexto observado (Narayan, 1993). Nesse sentido, o nativo só existe como nativo desde o olhar do pesquisador. Olhar que, alicerçado na teoria antropológica, é capaz de o observar e "exprimir sua cultura culturalmente, isto é, reflexiva, condicional e conscientemente" (Viveiros de Castro, 2002). Dessa perspectiva, o *nativo* é sempre "relativo", na medida em que é construído como outro em relação, pelo olhar do pesquisador.

Outra tarefa inicial foi o recrutamento e treinamento de uma equipe de pesquisa. O preenchimento dos cargos de assistentes de pesquisa foi realizado mediante seleção aberta, com análise de currículos, de produção e trajetória acadêmica e entrevista.[2] No total, as equipes foram compostas por quase três dezenas de integrantes, de bolsistas graduandos a professores doutores de formação e trajetória acadêmica diversificadas: direito, história, sociologia, antropologia e ciência política.

Mesmo que a experiência ou ao menos o interesse em história oral fosse requisito para os membros da equipe, seus primeiros integrantes passaram por um minicurso de história oral. Com a equipe contratada e o orçamento aprovado, o projeto avançou para alguns atos preliminares de formação. Em primeiro lugar, o CPDOC ofereceu para todos uma oficina de história oral,[3] que contemplou os seguintes módulos: o que é história oral; apresentação da metodologia e de sua situação no conjunto de disciplinas das ciências humanas; apresentação do Programa de História Oral (PHO) do CPDOC; questões teóricas relativas à história oral: memória, biografia e narrativa; história institucional: desenvolvimento

---

2 Assim, os então pós-graduandos Leonardo Seiichi Sasada Sato, Izabel Saenger Nuñez, Carlos Victor Nascimento dos Santos e Fábio Ferraz de Almeida foram contratados para atuar como assistentes de pesquisa na equipe Direito Rio, Fabrícia Corrêa Guimarães, na equipe do CPDOC, e Thiago dos Santos Acca, na Direito SP. Foram contratados como bolsistas de iniciação científica os seguintes então graduandos na FGV: Alexandre Neves Jr., Amanda Martins, Gabriela Maciel, Júlia França, Luciana Frattini, Márcia Goldman, Thiago Filippo e Verônica Otero (Direito Rio); Hugo Anciães, Ivan Albuquerque, Pedro Saliba e Yasmin Curzi de Mendonça (CPDOC); e Bárbara Pommê Gama, Jullian Melo e Thiago Megale (Direito SP). Atuou também como consultor externo da equipe o jornalista Felipe Recondo Freire, especializado na cobertura do Poder Judiciário, em especial da atuação do STF.

3 A oficina contou com a participação das professoras Verena Alberti, Marly Silva da Motta e Mariana Cavalcanti, e dos técnicos Vanessa Matheus Cavalcante e Bernardo Bortolotti.

de projetos de história oral; pesquisa e preparação de entrevistas; realização de entrevistas; tratamento de entrevistas: procedimentos e produção de instrumentos de auxílio à consulta e controle dos metadados de um acervo de história oral; e tecnologias de gravação, preservação e difusão de acervos sonoros e audiovisuais.

Essa foi a principal oportunidade em que começaram a ser solidificadas as bases técnicas e metodológicas do projeto. Todas as discussões foram orientadas já para a sua execução, como acerca dos passos iniciais para a elaboração de materiais para as entrevistas, como os equipamentos a serem utilizados, as abordagens possíveis para a interação com os entrevistados, como tratar as entrevistas, quais *softwares* e aplicativos utilizar, como organizá-las, como estruturar equipes e rotinas de trabalho, quais seriam os produtos do projeto e como divulgá-los.

Esses foram apenas alguns dos temas iniciais para a condução do projeto com uma equipe coesa, esforço que foi mantido até o final de sua execução. Uma formação inicial comum foi essencial para que se construíssem as linhas principais a nortearem diversas questões que surgiram no desenrolar da pesquisa. As rotinas de trabalho incluíram reuniões periódicas que ocorriam ao menos quinzenalmente, mas que frequentemente aconteciam duas ou mais vezes por semana, em virtude de intercorrências, como dificuldades no agendamento de entrevistas, discussões de preparativos para a realização delas, dúvidas quanto a como proceder em seu tratamento ou publicização.

## 1.2 Preparação das entrevistas

As entrevistas foram preparadas tentando seguir os elementos listados no *Manual de história oral* (Alberti, 2013) o mais estritamente possível. A primeira providência foi, então, preparar roteiros, um para cada um dos 33 ministros do STF no recorte temporal adotado, além de quadros gerais comparativos com os principais eventos políticos e jurídicos do país, do STF e do contexto internacional.

Foram planejadas quatro sessões de *brainstorm* da equipe com o ministro Nelson Jobim, no intuito de se poder discutir, sem gravações ou registros, pontos delicados da trajetória de um ministro e da dinâmica do próprio tribunal. Tratou-se de uma *perspectiva interna ao campo* para a alimentação da imaginação histórica e sociológica da equipe em relação ao STF e seus ministros. No mesmo intuito, também ocorreu uma sessão de *brainstorm* com o jornalista Felipe Recondo Freire, baseada na sua longa experiência de setorialista *in loco* no STF. A equipe ainda contou com dois debates: com o professor Oscar Vilhena Vieira, ao conversar sobre seu artigo "Supremocracia" (Vieira, 2008), e a professora Fabiana Luci de Oliveira, sobre seu livro *STF do autoritarismo à democracia* (Oliveira, 2012).

Ato contínuo, as três equipes dividiram o trabalho de compilar a bibliografia existente sobre o STF nas áreas de direito constitucional, história, ciência política e sociologia do direito. Em seguida, dividiram o trabalho de composição de "linhas do tempo temáticas", que seriam posteriormente contrastadas com as trajetórias de cada ministro. Foram selecionados os seguintes temas: conjuntura brasileira, conjuntura internacional, economia brasileira, conjuntura jurídica e casos de grande repercussão no STF. Tudo isso realizado, era necessária a divisão da elaboração dos roteiros de entrevista para cada ministro pelas três equipes.

Desde a vigência da Constituição de 1988 até a data do final do projeto, 33 pessoas haviam exercido a função de ministro do STF. Estavam falecidos os ministros Carlos Alberto Menezes Direito, Maurício José Corrêa, Carlos Alberto Madeira, Oscar

Dias Correa e Djaci Alves Falcão. Dos 28 ministros potencialmente recrutáveis para entrevistas, decidiu-se que a Direito Rio ficaria responsável por Luís Roberto Barroso, Celso de Mello, Néri da Silveira, Gilmar Mendes, Moreira Alves, Ricardo Lewandowski, Ilmar Galvão, Cezar Peluso, Sepúlveda Pertence, Paulo Brossard, Carlos Velloso, Luiz Fux, Nelson Jobim, Aldir Passarinho, Sidney Sanches e Marco Aurélio. O CPDOC se encarregaria de Célio Borja, Rosa Weber, Cármen Lúcia, Ellen Gracie, Octávio Gallotti e Joaquim Barbosa. Por fim, a Direito SP se ocupou de Eros Grau, Rafael Mayer, Francisco Rezek, Ayres Britto, Teori Zavascki e Dias Toffoli.

Para a preparação das entrevistas, foi decidido que cada equipe responsável elaboraria um roteiro para cada ministro, contendo um conjunto de informações previamente pactuados, bem como os marcadores de trajetória mais significativos, com foco na atuação no STF, apresentado na forma de uma linha do tempo. Pactuamos também as fontes básicas: DHBB, CV Lattes, Pasta dos Ministros (no próprio *site* do STF) e notificações na imprensa escrita e audiovisual de grande circulação.

Os roteiros de entrevistas foram montados utilizando todo tipo de fontes publicamente disponíveis, mas partindo especialmente das informações acerca deles próprios, divulgadas pelo próprio STF: o repositório com texto biográfico[4] e o repositório com informações biográficas e documentos.[5] Em consulta recente, observou-se que os repositórios foram alimentados com mais documentos, o que teria sido de grande valia na época da pesquisa.

---

[4] Disponível em: www.stf.jus.br/portal/ministro/ministro.asp. Acesso em: 21 ago. 2021.

[5] Disponível em: http://portal.stf.jus.br/textos/verTexto.asp?servico=bibliotecaConsultaProdutoBibliotecaPastaMinistro&pagina=OrdemAlfabetica. Acesso em: 21 ago. 2021.

Em 2012, entretanto, os documentos eram comparativamente mais escassos, ou seja, ficava claro que o próprio STF tinha pouco material organizado sobre seus ministros.

Outros recursos eram referências bibliográficas, matérias jornalísticas e buscas na internet, onde localizamos, entre outros documentos, os currículos dos ministros quando da apresentação como indicados para a sabatina no Senado Federal. Essas fontes foram interessantes porque mostravam o currículo que o ministro projetava como "supremável". Outras informações importantes direcionavam para trajetórias educacionais e redes em geral, como de sociabilidade, de parentesco ou de profissão.

Uma vez pronto o projeto de roteiro, para cada ministro haveria uma reunião geral de *briefing* da entrevista, na qual se chegaria a uma versão final. Desse modo, toda a equipe teria um panorama sobre o conjunto dos entrevistados. Dessas sessões, surgiam dúvidas quanto aos dados levantados, questionamentos quanto à trajetória biográfica do ministro, possíveis redes, trajetórias acadêmicas, exercícios profissionais, contextos de indicação ao cargo, eventual contexto de saída do cargo, questões e perguntas pertinentes. Para a montagem da agenda de trabalho e reuniões, se levou em conta, primordialmente, a idade e o estado de saúde de cada um dos potenciais entrevistados. Decidiu-se também que o professor Fernando Fontainha estaria presente em todas as entrevistas, para guarda da memória global do projeto, e que seria sempre acompanhado por um dos demais coordenadores, pelo assistente de pesquisa responsável pelo roteiro do respectivo ministro, bem como pelo técnico de audiovisual.

## 1.3 As entrevistas e sua gravação

A peculiaridade do projeto remeteu de imediato a possíveis dificuldades no convite aos ministros. O coordenador-geral do projeto era o ministro Nelson Jobim, que atuou no STF de 1997 a 2006, e que tinha redes de contato e diálogo direto com ex-colegas. Ainda assim, o projeto tinha que adotar um protocolo de abordagem aos ministros. No caso dos ex-ministros, os convites foram remetidos via postal. Um convite formal foi elaborado e, para os ministros em exercício, uma equipe viajou a Brasília para entregar pessoalmente os convites, contato esse a que foi dada continuidade por canais diversos.

A primeira entrevista foi com o ministro Nelson Jobim. Em três sessões, somando 10 horas de gravação, na sala de entrevistas do CPDOC, os pesquisadores Fernando Fontainha, Christiane Jalles de Paula, Fabrícia Corrêa Guimarães, Leonardo Sato e Carlos Victor Nascimento o entrevistaram. Assim, a equipe se considerou pronta para o efetivo recrutamento.

Foram enviadas cartas convite para todos os potenciais entrevistados, na ativa e aposentados, nos moldes dos protocolos do PHO do CPDOC. No entanto, não temos dúvida que nosso maior trunfo no seu recrutamento foi a atuação do ministro Nelson Jobim e do professor Joaquim Falcão neste sentido. De forma geral, o contato inicial era feito por um dos dois, e o avanço da marcação da entrevista ficava a cargo do professor Fernando Fontainha.

Uma grande ênfase foi dada na absoluta disponibilidade da equipe em relação à melhor conveniência de cada ministro, ainda que se tenha oferecido a sala de entrevistas do CPDOC. Entrevistas foram concedidas em variados lugares. Os ministros Marco Aurélio, Luís Roberto Barroso, Dias Toffoli e Gilmar Mendes concederam entrevistas em seus gabinetes no STF. Este último concedeu apenas uma primeira parte; em seguida, não mais retornou os contatos feitos pela equipe para a sequência.[6] Os ministros Moreira Alves, Aldir Passarinho, Octávio Gallotti, Célio Borja, Cezar Peluso, Eros Grau e Rafael Mayer o fizeram nas suas próprias residências. Os ministros Ayres Britto, Carlos Velloso, Francisco Resek, Ilmar Galvão, Néri da Silveira, Paulo Brossard, Sepúlveda Pertence e Sidney Sanches concederam entrevistas em seus locais de trabalho (escritórios de advocacia e consultoria jurídica). O ministro Teori Zavascki realizou entrevista na sala de reuniões da FGV Direito SP, e os ministros Nelson Jobim, Luiz Fux e Joaquim Barbosa, na sala de entrevistas do CPDOC. Este último concedeu uma primeira sessão, em seguida enviou ofício à FGV pedindo a não divulgação da mesma (o que foi atendido) e declarando sua intenção de não continuação. Os ministros Celso de Mello e Rosa Weber fizeram contato formal com a FGV, cordialmente declinando a participação no projeto. Os ministros Cármen Lúcia, Ellen Gracie e Ricardo Lewandowski não reagiram formalmente, mas transmitiram gentilmente sua não intenção em participar.

## 1.4 Entrevistas e seu tratamento

O protocolo adotado pela equipe foi o de imediatamente encaminhar o material audiovisual para edição e tratamento, bem como o áudio para transcrição, após a qual se seguia o processo de copidesque, recorrendo a profissionais externos. Após esses procedimentos, a equipe, mantendo a divisão por ministro, realizou conferência de fidelidade das transcrições, notadamente para

6 Evidentemente, não compõe o acervo do projeto.

verificar termos jurídicos, nomes próprios e referências técnicas, ao que se seguia, por entrevista, uma reunião de *debriefing*. Após validada a entrevista pela equipe, era enviada para o ministro que a concedeu, juntamente com um Termo de Cessão de Direitos Audiovisuais. Nenhum ministro se negou a assinar o termo, e parte deles fez ressalvas e suprimiu trechos. Todas as solicitações foram atendidas nas versões finais dos textos e vídeos, componentes do acervo do projeto. Os ministros Aldir Passarinho, Paulo Brossard e Rafael Mayer faleceram após conceder a entrevista. Tomou-se o cuidado de não os incluir no acervo sem o expresso e minucioso acompanhamento de seus familiares próximos.

Quantidade considerável dos entrevistados deixou de revisar a transcrição, declarando apenas que não haveria o que revisar. Quantidade também considerável fez questão de revisar os textos promovendo intercâmbios quanto às possibilidades e limites para a revisão. Tanto no minicurso de formação quanto nas reuniões internas de equipe, já tinha sido definido que haveria limites para a alteração dos textos. Pequenas alterações ou supressões seriam possíveis, mas não seria possível adicionar texto, dado que também os vídeos das entrevistas seriam divulgados. Nos vídeos seria possível suprimir trechos, supressão que na versão textual seria apontada. Seria possível também qualquer pequena adequação. Adicionar textos ou declarações, entretanto, não seria viável.

Mesmo que um ou outro entrevistado tenha demonstrado alguma insatisfação com a impossibilidade em editar o texto da entrevista, todos acabaram por concordar com o resultado final, à exceção de um. Ao final, apenas um entrevistado preferiu pedir expressamente que não houvesse a divulgação de sua entrevista, que não tinha sido concluída; para a finalização faltaria uma sessão de entrevista. Outro entrevistado chegou a dar um início de entrevista por apenas 40 minutos. O material chegou a ser revisado, mas como pouco se avançou e não se conseguiu agendamento de nova sessão, sequer houve continuidade às tratativas. Foram no total 21 entrevistas concluídas, 21 produtos concluídos, e duas entrevistas parciais.

## 1.5 Disponibilização das entrevistas

Para além de um produto acadêmico de pesquisa, no sentido de produzir fontes históricas orais, o projeto fez o máximo para divulgar seus produtos. A seção sobre os bastidores do projeto adentrará melhor as formas de difusão, que seguiram as intenções iniciais. As entrevistas passaram a fazer parte do acervo do CPDOC.[7] Foram ainda publicadas na forma de livros, que totalizaram quatro coleções, com 21 livros ao todo. Em cada um dos volumes há o roteiro de entrevistas utilizado e a transcrição do texto, já revisado.

Cada coleção foi lançada com um evento que contou com convite a todos os ministros participantes ou a seus representantes, dado que houve impossibilidades variadas ao comparecimento, e que três ministros faleceram antes de suas entrevistas serem lançadas. Os livros foram disponibilizados digital e gratuitamente, com licença *Creative Commons*,[8] e também em formato *e-book*.[9] As entrevistas estão disponíveis ainda em vídeo.[10]

---

7 Disponível em: www.fgv.br/cpdoc/acervo/arquivo. Acesso em: 23 ago. 2021.
8 Disponíveis em: https://bibliotecadigital.fgv.br/dspace/handle/10438/13570. Acesso em: 23 ago. 2021.
9 Disponíveis em: https://editora.fgv.br/busca/historia%20oral%20do%20supremo. Acesso em: 23 ago. 2021.
10 Disponíveis em: https://historiaoraldosupremo.fgv.br/entrevistas. Acesso em: 23 ago. 2021.

## 1.6 Os bastidores da pesquisa

Este capítulo é elaborado mais de sete anos após a realização da última entrevista com a equipe inicial, dado que o projeto entrou em estado de latência no ano de 2014. A partir desse ano, foi desenvolvido em ritmo menos acelerado, passando por diversas coordenações. No dia 24 de novembro de 2017, enfim, ocorreu o quarto e último evento de lançamento, com os seis últimos volumes publicados. É após quatro anos do fim do trabalho, e nove anos após seu início, que tentamos reorganizar elementos referentes aos seus objetivos e execução. A memória ou a ilusão biográfica, tópicos tão caros à história oral, estão presentes nessa retomada. Ressalvas feitas, há considerações e reflexões a serem tecidas.

O objetivo primordial do projeto consistiu em constituir fontes, mas, igualmente, conhecer o STF como instituição, seus ministros, e levantar formas de compreender os debates jurídicos sobre direito constitucional. A pesquisa não precisaria ter sido necessariamente realizada por meio da história oral. Aliás, muitas outras pesquisas correlatas podem ter sido realizadas por outros métodos. Entretanto, somente por meio da história oral o projeto poderia registrar a narrativa dos ministros sobre a Corte, e sobre eles próprios, provocando-os a ordenar suas memórias, a relacioná-las a eventos históricos, a promover explicações sobre dinâmicas políticas e até jurídicas. Os produtos da pesquisa responderam a provocações privilegiadamente jurídicas, mas os resultados apontaram para potencialidades também do direito, como era de se esperar, mas também e inesperadamente para outras áreas.

A história oral como método teve uma das linhagens originárias calcadas na recuperação de relatos por parte de participantes em eventos ou contextos de interesse historiográfico, por meio de um método histórico, e guiado em conjunto com a história de vida dos participantes. Mantendo essa linha, o projeto adentrou seus interesses de pesquisa conjugados à história de vida dos entrevistados, o que levantou aspectos totalmente desconhecidos.

Por serem representantes de uma instituição de elite, de cúpula do Estado brasileiro, e por serem eles próprios membros da elite jurídica do país, suas trajetórias pessoais, seus contextos familiares, suas redes, enfim, diversos âmbitos de suas vidas acabaram sendo eclipsados por suas próprias figuras. Como questionamentos exemplares, quem se interessaria pela infância dos ministros do STF, por suas influências educacionais ou por suas primeiras inserções profissionais, dado que são ministros do STF? Ora, foi justamente nessas relações que muito foi revelado. Como provocação final, algumas das relações mais pessoais dos ministros, como de infância, de parentesco ou de redes profissionais, constituíram-se como elementos que vieram a compor justamente seu capital político para a nomeação.

Para além das descrições sobre a idealização e execução do projeto, sua realização envolveu necessariamente toda uma gama de especificidades que impuseram adequações. Uma pesquisa em história oral possui direcionamentos metodológicos estritos e necessários, mas precisa também de alta capacidade adaptativa para a adequação às contingências da pesquisa.

Muitas são as metáforas mobilizadas para que falemos dos aspectos metodológicos e técnicos das nossas pesquisas. Uma das mais comuns é a utilizada no título deste tópico. "Bastidores", aludindo aos produtos finais de uma pesquisa enquanto representação teatral, que não pode prescindir de um trabalho que ocorre nas coxias e não é visto pelo público. Outra muito comum é a referência à "cozinha" da pesquisa, sendo os produtos finais a própria refeição, e seu local de preparo, raramente acessível a quem come, o essencial de seu processo de produção. Uma também muito interessante é a dos "andaimes", sem os quais não se constrói um prédio. Essa metáfora permite que melhor reflitamos sobre o caráter ambivalente da pesquisa científica: ela é uma atividade de meios e fins. Isto significa dizer que tão ou mais importante que as reflexões de base, as gêneses teóricas e os achados empíricos é o caminho percorrido até a apresentação da pesquisa. Desta maneira, uma pesquisa científica é obra que se entrega sem a retirada dos andaimes. O mais que pudermos, temos, cientistas, que nos esforçar para explicitar as condições de produção da pesquisa embutidas nos produtos.

Em se tratando de uma pesquisa de história oral, essa questão se complica ainda mais. Isto porque o produto por excelência desse tipo de pesquisa são as memórias, as narrativas e as versões, biográficas ou institucionais, proferidas por atores cuja trajetória se relaciona com o objeto do estudo. Estamos falando de registros audiovisuais e/ou escritos, retratando uma situação de interação entre o colaborador e os pesquisadores. Assim, o objetivo fundamental de uma pesquisa de história oral se coloca a *montante*: se trata da criação de uma base de dados inédita, um arquivo, que pode servir de fonte primária para incontáveis outras pesquisas sobre o tema.

No entanto, o que pretendemos fazer nesta seção é a retrospectiva do projeto a *jusante*: a concepção, elaboração, formação da equipe, preparação, realização das entrevistas e elaboração dos produtos. Finalmente, optamos pela metáfora do "rio", sendo as entrevistas publicadas uma folha impulsionada pelo seu curso, a meio caminho da nascente à foz.

## 2. O conteúdo das entrevistas do projeto

Como exposto no item anterior, os assistentes de pesquisa, estudantes de pós-graduação, eram os responsáveis por, em conjunto com os bolsistas de iniciação científica, elaborar os roteiros das entrevistas. Depois, cada assistente ia, em diálogo e sob supervisão dos coordenadores de equipe e o coordenador acadêmico geral da pesquisa, realizar a entrevista e podia também fazer perguntas aos entrevistados.

Os roteiros eram elaborados levando em conta os acontecimentos nacionais e internacionais, bem como fatos importantes no STF e, especialmente, a trajetória profissional dos ministros entrevistados. Por isso, as perguntas feitas na hora da entrevista diziam respeito especialmente às formas pelas quais as trajetórias eram conjugadas ao longo da formação acadêmica e do percurso profissional de cada um desses homens e mulheres. E, especialmente, por se tratar de entrevistas, quais as representações dos próprios ministros sobre os temas propostos.

Elas eram, portanto, marcadas por alguns elementos que acabavam, invariavelmente, se fazendo presentes e se repetindo na sua realização. Vamos, aqui, explorar de modo mais geral tais elementos, pensando que os interessados nos detalhes dos materiais brutos podem acessá-los no acervo do CPDOC, para compreender os pormenores de cada entrevista em seu contexto específico. De modo mais abrangente, as entrevistas eram compostas pelos seguintes pontos: 1. biografia dos ministros; 2. trajetória acadêmica; 3. trajetória profissional antes da nomeação; 4. a vida no STF.

## 2.1 A biografia ou história de vida

Todas as entrevistas eram iniciadas com a "qualificação" do ministro por ele mesmo, isto é, seu nome, nome dos pais, data e local de nascimento. Depois tinha prosseguimento uma série de perguntas sobre a cidade onde nasceu e morou, o que se recordava dos pais, e outros elementos da infância e da juventude. A biografia era por nós compreendida como o início de uma trajetória, que viria depois a ser demarcada por uma série de escolhas. Em diálogo com o que explicita Bourdieu (1996), a *ilusão biográfica* surge como uma narrativa dos ministros sobre eles mesmos, que configura uma certa representação sobre si. Com isso, destacamos a dimensão da representação que não produz uma verdade, mas "uma criação artificial de sentido" (Bourdieu, 1996:185) sobre o que é contado. Afirmar uma trajetória de modo retrospectivo é construir uma narrativa sobre si mesmos.

Nesse momento das entrevistas, eram comuns citações das memórias de infância, histórias sobre os pais e as respectivas famílias, bem como sobre as escolas e as cidades de nascimento e criação. Nesse ponto, os ministros relatavam as profissões do pai, especialmente, e algum elemento relacionado a elas, bem como as lembranças escolares, sobre onde haviam estudado; eventuais colegas e amigos de infância também eram citados.

A adoção dessa abordagem se mostrou muito eficiente. Esse caminho de condução da entrevista auxiliou a situar os ministros no lugar de entrevistados. Os personagens narrados oscilavam da figura do juiz avesso à exposição pública até àquele acostumado com indagações explícitas. Muitos dos ministros começavam a falar livremente, independentemente de qualquer pergunta, claramente acionando uma narrativa já formatada para entrevistas. Outros simplesmente perguntavam o que se queria saber, como se sua biografia não pudesse ensejar interesse. Ao serem questionados na chave da história de vida, os ministros se viam obrigados a rearticular elementos da memória, só então mobilizando-a. Ou seja, o recurso foi essencial para incitar a lembrança como um esforço para narrar eventos da vida sobre os quais não costumavam ser perguntados, elaborando ali, naquele momento, uma ilusão biográfica.

## 2.2 Trajetória acadêmica

Para nós, em se tratando de um projeto que buscava investigar a vida profissional, especialmente vinculada ao *mundo do direito* (Bonelli, 1998) também desde seus entrelaçamentos com aspectos pessoais e de redes de relações dos entrevistados, o bacharelado se afigurava como um marcador central das entrevistas. O ensino jurídico, as diferentes escolas e o prestígio a elas atribuído são questões que permeiam o campo, como uma *problemática obrigatória* (Bourdieu, 2008).

Assim, consideramos importante pensar não somente na opção que os entrevistados fizeram pelo curso de direito, mas também como essa escolha permitiu a formação de uma rede de relações, quer com colegas de sala de aula, quer com professores, dando contornos específicos às trajetórias escolares dos ministros e permitindo, com esses contornos, a criação de laços, fundamentais não necessariamente para as nomeações, mas para as relações profissionais capazes de produzir conexões pessoais e profissionais.

De fato, a trajetória acadêmica emergiu como categoria comum e essencial nas entrevistas. Alguns ministros simplesmente não lembravam mais de professores ou colegas, em especial os mais idosos. Mas, mesmo nesses casos, os roteiros de entrevistas mostraram elos entre a formação e as redes que dela se derivavam.

## 2.3 Trajetória profissional antes do STF

Focamos também na trajetória profissional anterior à indicação e nomeação ao STF. Nesse ponto nos interessava saber mais especificamente os sentidos que eles atribuíam às suas experiências pregressas e à rede de relações profissionais constituídas, bem como, e em que medida, os cargos ocupados foram capazes de produzir saberes, que tivessem contribuído para a indicação e consequente posse no cargo de ministro do STF. Um exemplo importante dos marcadores que surgiram nesse ponto dizia respeito aos que tivessem desempenhado funções na magistratura, considerados por isso juízes "de carreira", e aqueles que vinham de fora, da política, ou de outros contextos que não uma trajetória no Poder Judiciário. Essa dicotomia, diziam nossos interlocutores, era capaz de produzir diferentes formas de julgar. Segundo eles, os oriundos da magistratura podiam deixar de levar em conta as consequências políticas e econômicas das decisões judiciais.

As entrevistas, juntamente com seus roteiros, mostraram também que muitos ministros já tinham passado por interseções profissionais, uns com outros, antes das nomeações. Era esse o caso daqueles oriundos do Rio Grande do Sul. A trajetória profissional revelou também a projeção de trajetórias que galgassem um candidato à vaga de ministro do STF. Alguns entrevistados tiveram em comum o cargo de ministro da Justiça, outros o de advogado-geral da União. Para além da trajetória de vida ou das redes acadêmicas, as redes profissionais configuraram um elemento controlável, sobre o qual os entrevistados pudessem ter ingerência e intenção de projetar postos para chegar ao cargo de ministro do STF. Nesse sentido, a formação jurídica abria uma vasta possibilidade de atuações: a construção de uma carreira juridicamente técnica, uma história na política ou uma trajetória na burocracia estatal. Se houve um elemento volitivo, ou seja, que dependesse da intenção dos entrevistados, foi esse: o das trajetórias profissionais.

## 2.4 A vida no STF

Buscando compreender as demarcações entre o "antes" e o "depois" da entrada no Supremo, questionávamos inicialmente sobre os primeiros dias na Corte, as mudanças realizadas na formação do gabinete, a gestão da equipe e as rotinas depois da posse, as sessões de julgamento, bem como a relação com os colegas e a socialização dos ministros nesse processo. Tais perguntas nos permitiam mapear suas representações sobre o período posterior à posse, especialmente sobre como lidar com a gestão de um novo e complexo espaço de produção das decisões judiciais, suas regras explícitas e implícitas. Nesse contexto, a mudança para a capital federal também surgia como um elemento importante, a demarcar aqueles que tinham ou não conexão prévia com a cidade de Brasília, antes da ida para o STF. Esse ponto era relevante para pensar o processo de aprendizado dessas novas rotinas e como lidar com elas.

Nesse sentido, a ideia de compreender o modo como se viram quando os entrevistados tomaram posse no STF passava por analisar o processo desde as suas trajetórias pessoais e profissionais, isto é, onde nasceram, como viveram, quem foram seus pais, por onde passaram e como se formaram, para então serem nomeados na mais alta corte do país. Descobrimos elementos interessantes como o fato de que a maior parte deles teve Brasília como cidade de moradia ou trabalho antes da nomeação, o que indica uma relação entre viver na capital e a constituição de um capital simbólico capaz de permitir a indicação para o cargo (Fontainha, Nuñez e Otero,

2017). O mesmo sentido de construção de trajetória tinham as cidades do Rio de Janeiro e São Paulo, pois as perguntas, junto dos elementos que mapeamos nos roteiros, nos permitiram perceber a expressiva quantidade de deslocamentos para essas cidades, surgindo como elemento central para a consolidação das trajetórias.

Outros aspectos eram mapeados por nós, porque apareciam como elementos relevantes desde a construção dos roteiros, como a opinião de cada um dos entrevistados sobre a TV Justiça e a transmissão das sessões ao vivo. Tratava-se de um ponto controverso e que foi norteador dos conflitos, para os ministros, sobre as concepções de publicidade e transparência dos julgamentos. Mapeávamos, ainda, casos emblemáticos e de repercussão (Kant de Lima, Eilbaum e Medeiros, 2017) que tivessem sido de relatoria do entrevistado, de modo a indagá-los sobre seus desfechos e soluções, e sobre como foi lidar com o processo.

Todos esses elementos, como dissemos, se mostram como aspectos gerais, que podem ser identificados ao analisar o material bruto produzido no âmbito deste projeto de pesquisa. Cada entrevistado, no entanto, traz consigo aspectos bastante particulares que podem ser compreendidos em profundidade ao se estudar o material individual. No entanto, aqui, para fins de uma compreensão geral, optamos por explicitar o que esses produtos têm de semelhante quando colocados em comparação.

Os elementos aqui elencados formam um quadro analítico sobre a vida dos ministros e permitem, do ponto de vista da aplicação da fonte-método-técnica da história oral, mapear elementos comuns das suas trajetórias e as representações dos entrevistados sobre elas. Com isso se vê a riqueza desse tipo de material empírico, também como base de dados, que pode ser publicamente acessada, de modo a permitir que outros pesquisadores produzam igualmente reflexões a partir dela. Para compreender elites, tem se demonstrado profícua sua utilização, especialmente por investigadores interessados em entender o funcionamento das instituições de poder no Brasil, e a circulação de homens e mulher nelas, porque elas mesmas são formadas por aqueles que nelas passaram. Compreender essas pessoas é poder compreender seu funcionamento institucional também, desde uma outra perspectiva, que não a das macroteorias, mas desde a análise das vidas e ideias, dos que delas fazem parte e, mais especialmente, que nelas ocupam cargos de poder.

## 3. Usos possíveis das entrevistas para a pesquisa acadêmica

A literatura especializada tem chamado atenção para o rendimento do estudo dos atributos sociais herdados e adquiridos bem como das trajetórias dos juízes para a compreensão do Judiciário, inclusive dos tribunais superiores. Assim, em artigo no qual perfila o conjunto dos ministros da suprema corte brasileira desde o Império até a República, num arco temporal de quase 200 anos (1829-2006), Marenco dos Santos e Da Ros (2008) arrolam uma série de justificativas para seu empreendimento. Vale a pena destacarmos duas delas. A primeira é que os tribunais variam seu modo de decidir de acordo com suas distintas composições. Por sua vez, as mudanças na composição deles derivam (ainda que não exclusivamente) de alterações no modo de recrutamento e nos perfis de carreira dos seus integrantes. A segunda justificativa relaciona-se com o tema da institucionalização do Judiciário. A premissa assumida é que a institucionalização (cujo significado abrange maior autonomia do Judiciário em relação aos outros poderes) beneficia-se da profissionalização dos seus integrantes e da diferenciação de seu perfil em relação aos membros de outros órgãos do Estado. Quanto a esse ponto, a constatação empírica dos autores é da existência de uma tendência crescente, ainda que minoritária, de recrutamento de indivíduos que fizeram trajetórias profissionais estritamente jurídicas. A partir da redemocratização de 1985-88, um de cada três ministros nomeados para o STF tinha tal perfil.

As entrevistas do projeto podem contribuir para a compreensão das relações entre o Judiciário e os outros poderes, em contexto de crescente institucionalização do primeiro, auxiliando, por exemplo, no entendimento dos limites da autonomia do Judiciário e, igualmente, de alianças estabelecidas entre setores desse poder com os do Executivo. Luiz Fux, que fez uma carreira estritamente jurídica (na advocacia, no Ministério Público e na magistratura) até sua nomeação ao STF, relatou sua aliança com o governo do Rio de Janeiro num embate dos juízes estaduais de primeira instância com os desembargadores do estado:

> Eu tinha muita afinidade com o ideário do PDT. E aí, depois, eu conheci o pessoal do PDT: o Darcy Ribeiro, Doutel de Andrade, Bocaiuva Cunha, Paulo Ribeiro, Brizola. E eu capitaneei uma luta dos juízes contra os desembargadores, porque os desembargadores ganhavam muito, os juízes ganhavam muito pouco. E então eu capitaneei uma luta dos juízes, para melhorar o salário dos juízes. [...] E eu então capitaneei essa luta direto com o Brizola. E o Brizola foi muito sensível a isso. [...] Aí, levei para o Brizola e [...] eu falei: "Brizola, eu estou com esse problema e tal." Ele falou: "Continue na sua luta, que ela é justa." Ele mesmo que me apoiou. Aí, ele me defendeu com aquilo, porque os desembargadores me criticavam e eu fazia aquela luta de classe, sindicalista, dos juízes lá. E aí foi bom. Depois, fizemos uma amizade boa e ele... Sempre que eu podia, eu conversava com ele. [Fontainha et al., 2016b:140-141]

Em sua tese de doutorado, de forte inspiração bourdieusiana, Frederico Normanha de Almeida examina os capitais simbólicos que franqueiam o ingresso de indivíduos às posições dominantes no campo jurídico brasileiro contemporâneo. O mais universal desses capitais é o diploma de uma faculdade de direito de elite. As entrevistas do projeto permitem constatar que a formação numa faculdade de direito de elite não apenas permite que o bacharel em direito obtenha um diploma prestigiado, mas também que ele desenvolva uma rede de relações pessoais que pode ser muito valiosa na construção de sua carreira futura (Almeida, 2010:288-290). Colegas de faculdade poderiam emprestar apoios e fazer indicações a funções públicas. E professores poderiam introduzir antigos alunos na carreira docente. Ademais, a socialização na faculdade propiciava aos futuros juristas a aquisição de saberes que se mostrariam úteis quando formados. Destaque-se a participação em atividades extracurriculares, como a política estudantil. Nelson Jobim, por exemplo, relata sua militância política na Faculdade de Direito da Universidade Federal do Rio Grande do Sul (UFGRS) nestes termos:

> Em 1965 ou 66, as eleições, ganhava sempre a direita, dentro da faculdade. [...] E os candidatos de esquerda perdiam feio. Que eram ligados ao antigo Partido Comunista [...] Então, nós resolvemos lançar um candidato bufão. [...] Eu me lembro que se envolveu nisso o Gilson Dipp, que era da minha turma, e o Ari Pargendler, que hoje é presidente do STJ [...]. [Fontainha et al., 2015b:73-74]

Há outros capitais simbólicos detidos em maior quantidade pelo polo dominante do campo jurídico brasileiro e que foram mencionados nas entrevistas. Um deles é o capital profissional, vinculado aos distintos grupos profissionais e transmitido a seus integrantes. Normanha de Almeida sugere que os advogados, graças, em boa medida, à atuação da Ordem dos Advogados do Brasil (OAB), constituam o grupo profissional detentor de maior quantidade desse tipo de capital simbólico. Por outro lado, os membros do Ministério Público contam com menores quantidades de capital profissional. Isso se explica, segundo o autor, pela institucionalização recente do Ministério Público e pela sua menor autonomia em relação ao Poder Executivo e ao campo político. Outro elemento distintivo dos juristas dominantes é a origem geográfica. Predominam nas posições de cúpula aqueles vinculados, por nascimento ou por trajetória profissional, às regiões Sul e Sudeste do país. Aldir Passarinho, nascido no interior do Piauí, relata sua mudança para São Luís aos três anos e, depois, para o Rio de Janeiro, onde se formou em direito (Fontainha et al., 2015d:33-36). Por sua vez, Ilmar Galvão fala de seu nascimento no interior da Bahia e de sua mudança, na segunda metade da década de 1950, para São Paulo e, posteriormente, para o Rio de Janeiro, onde cursou direito (Fontainha et al., 2016a:22-28).

Além do capital simbólico associado à origem geográfica, destaca-se o capital político. Esse tipo específico de capital pode ser gerado no interior do campo jurídico pelo exercício de funções de direção nas entidades dos grupos profissionais, como a OAB e a Associação dos Magistrados Brasileiros (AMB). Ayres Britto menciona sua participação no Conselho Federal da OAB na década de 1990 e as relações que desenvolveu com figuras destacadas da advocacia em função disso, assim como o reforço de sua projeção no campo jurídico que o exercício desse cargo propiciou:

> Eu fiz amizade com pessoas a quem eu muito admiro: Márcio Thomaz Bastos; Marcello Lavenère Machado; Roberto Batochio; Rubens Approbato; Eduardo Seabra, o filho... Eu sempre fui de cidadania

> ativada, sim, na OAB. Dentro da OAB, eu ativei muito minha cidadania. E escrevia, fazia conferências nos congressos da OAB, nas conferências anuais, era muito convidado para congressos do Ministério Público e da magistratura; no exterior, já fazia conferências também, em Portugal e na Espanha. [Fontainha et al., 2017a:63]

No entanto, os juristas que transitam entre os campos jurídico e político igualmente acumulam capital desse tipo, por exemplo, ao prestarem assessoria jurídica a governos ou a gabinetes parlamentares ou, ainda, ao exercerem mandatos parlamentares ou cargos no Executivo (Almeida, 2010:291-295). Veja-se o caso de Célio Borja, que narra, na entrevista concedida, sua longa carreira parlamentar, iniciada, ainda no pré-1964, na União Democrática Nacional (UDN) (Fontainha et al., 2015f).

Outro tema a ser explorado com o auxílio das entrevistas foi o da nomeação dos ministros para o STF. Os entrevistados foram diretamente questionados sobre o assunto. Cláudia Türner e Mariana Prado (2010) sustentam a hipótese de que, desde a redemocratização, os presidentes brasileiros procuram manter uma influência duradoura sobre o STF nomeando ministros mais jovens, que tendem a permanecer por um longo tempo no tribunal. Tal estratégia, segundo as autoras, não era necessária durante a ditadura militar, uma vez que não havia revezamento de poder entre as forças políticas. Assim, os dados compilados pelas autoras demonstram que a média de idade dos ministros do STF no momento de sua nomeação entre 1960 e 1988 (note-se que o intervalo é um pouco mais longo que o período de duração da ditadura) era de 58,4 anos. Já entre 1989 e 2008, a média diminuiu para 54,1 anos (Türner e Prado, 2010). Note-se que ministros da suprema corte nomeados jovens, como Marco Aurélio Mello (que ingressou no tribunal aos 43 anos) e Dias Toffoli (que se tornou ministro aos 41 anos), falam de suas nomeações nas entrevistas concedias ao projeto (Cantisano et al., 2017:53-58; Fontainha et al., 2017b:108-114).

Em polêmica com a tese de Türner e Prado, Diego Arguelhes e Leandro Molhano (2010) admitem que a escolha dos ministros possa ser motivada pela tentativa de o presidente influenciar as decisões do tribunal. No entanto, desenham um cenário complexo no qual esse cálculo é feito, porém nele atua uma quantidade razoável de fatores. Ademais, os autores sugerem que as indicações para o STF podem derivar de outras motivações políticas. Assim, quando o presidente procura, com a escolha de um ministro, influenciar as decisões futuras do tribunal, ele precisa levar em conta possíveis resistências à nomeação no Senado (que tem a prerrogativa constitucional de aprovar as indicações). E, igualmente, a aceitação do indicado pela sua base parlamentar, que tende a ser bastante heterogênea do ponto de vista político-ideológico. Entretanto, não basta ao presidente encontrar um jurista alinhado e com pouca resistência entre os senadores. É preciso, também, considerar a dinâmica do próprio tribunal, avaliando "diferentes perfis de juízes e como eles vão se encaixar e interagir com a composição [...] [do] STF (...)" (Arguelhes e Molhano, 2010:137). Assim, pode haver situações em que as capacidades de convencimento e de liderança do escolhido sejam mais importantes que um grande alinhamento com o presidente.

Ainda segundo Arguelhes e Molhano (2010), as indicações para o STF podem, igualmente, orientar-se por outro tipo de objetivo que não a influência sobre as decisões do tribunal. O presidente pode usar a indicação como barganha, escolhendo um nome apadrinhado por determinado grupo político em troca de apoio a iniciativas de seu interesse. Ou a indicação pode servir para angariar ou consolidar apoio junto a parcelas do eleitorado. Esse tipo de motivação, que os autores denominam "sinalização", foi responsável, segundo eles, pela nomeação da primeira mulher ao tribunal (Ellen Gracie, indicada por Fernando Henrique Cardoso) e pelo primeiro negro (Joaquim Barbosa, indicado por Lula). As entrevistas do projeto, que incluem ministros nomeados durante a ditadura militar, podem contribuir para aferir se tais variáveis estavam presentes também naquele período, quando o presidente tinha maior poder sobre o Senado e o próprio tribunal. Rafael Mayer, por exemplo, relata que sua nomeação contou com resistências, mas resultou da escolha pessoal de Geisel:

> O presidente Geisel é quem me indicou para o Supremo Tribunal Federal. Houve, aliás, grande desgosto, porque entendia o pessoal de São Paulo que como se tratava do falecimento de um ministro originário de São Paulo, que devia ser alguém de São Paulo. Mas o Geisel não aceitou a ideia. Mandou fechar o assunto e me indicou para o Supremo, ser ministro do Supremo Tribunal Federal. [Fontainha et al., 2015c:59]

Nas entrevistas realizadas pelo projeto, há subsídios para o estudo de eventos históricos dos quais os ministros participaram antes de seu ingresso no STF ou já como ministros do tribunal. Um tema abordado é o do movimento estudantil, no qual alguns ministros militaram. Assim, Sepúlveda Pertence relata sua participação no movimento estudantil na década de 1950, no qual chegou a ser vice-presidente da União Nacional dos Estudantes (UNE) (Fontainha et al., 2015g:27-35). Outro tema histórico recorrente nas entrevistas é o da Assembleia Nacional Constituinte de 1988. Moreira Alves, por exemplo, que presidiu as duas primeiras sessões da assembleia, na condição de ministro do STF, aborda essa experiência (Fontainha et al., 2016c:86-90).

Igualmente, há, nas entrevistas realizadas pelo projeto, elementos para a história institucional do Judiciário, pois vários ministros tratam de sua atuação pretérita em outros tribunais. Sydney Sanches relata sua trajetória na magistratura paulista, na qual ingressou em 1962, atuando em várias comarcas (no interior e na região metropolitana de São Paulo) até se tornar desembargador, em 1980 (Fontainha et al., 2015a). Néri da Silveira aborda sua experiência no extinto Tribunal Federal de Recursos (TFR), do qual foi ministro por mais de 10 anos (Fontainha et al., 2015h:62-70).

Destacamos, ainda, dois outros temas de pesquisa que podem ser explorados com o auxílio das entrevistas do projeto. O primeiro é o da organização dos gabinetes e da rotina de trabalho dos ministros no STF. Luís Roberto Barroso, para mencionar apenas um ministro, relatou a montagem de seu *staff*:

> Eu fiz assim: eu trouxe a minha equipe do escritório. [...] Esse é o núcleo mais próximo. Depois, eu conversei com o Carlos Ayres, meu amigo e meu antecessor [...] e [...] eu mantive os assessores criminais do Carlos Ayres [...] E eu tenho dois juízes, instrutores que eu também trouxe do Rio. Os dois foram meus alunos [...] Aqui, a equipe faz muita diferença, porque, no volume em que você trabalha, você depende muito da narrativa dos seus assessores. [Fontainha et al., 2016d:102-103]

O segundo tema de pesquisa são os casos de grande repercussão julgados pelo STF. Cezar Peluso, por exemplo, aborda, na sua entrevista, o julgamento do caso do aborto de fetos anencéfalos, das células-tronco, da união homoafetiva, assim como o caso Battisti (Fontainha et al., 2015e:141-156).

## Conclusão

Ao longo deste capítulo buscamos explicar os desafios da realização de uma pesquisa do porte do projeto "História Oral do Supremo", não só em face dos meios mobilizados (dimensão da equipe, recursos financeiros, quantidade de entrevistados), mas também pelo tipo de trabalho que nos foi dado realizar. Se, por um lado, os pesquisadores que fazem uso do método-técnica-fonte da história oral estão familiarizados com as discussões sobre narrativa e ilusão biográfica, a riqueza de se produzir uma história institucional desde a análise das trajetórias de homens e mulheres que ocuparam as instituições é algo a ser explicitado. E foi precisamente isso que pretendemos fazer nesse percurso narrativo, sobre as nossas próprias experiências como pesquisadores e os usos que podemos fazer desse trabalho. Estamos certos que esse é apenas um primeiro esforço, que pode ser ampliado, no sentido da produção de mais reflexões metodológicas sobre o que produzimos ao longo do projeto.

## Livros citados resultantes do projeto

CANTISANO, Pedro; PEREIRA, Thomaz; MOHALLEM, Michael (Org.). *História oral do Supremo (1988-2013), v. 18: Marco Aurélio Mello*. Rio de Janeiro: Escola de Direito do Rio de Janeiro da Fundação Getulio Vargas, 2017.

FONTAINHA, Fernando de Castro; ALMEIDA, Fábio Ferraz de (Org.). *História oral do Supremo (1988-2013), v. 14: Ilmar Galvão*. Rio de Janeiro: Escola de Direito do Rio de Janeiro da Fundação Getulio Vargas, 2016a.

_____; MAFEI, Rafael; ALMEIDA, Fábio Ferraz de (Org.). *História oral do Supremo (1988-2013), v. 19: Carlos Ayres Britto*. Rio de Janeiro: Escola de Direito do Rio de Janeiro da Fundação Getulio Vargas, 2017a.

_____; MATTOS, Marco Aurélio Vannucchi Leme de; NUÑEZ, Izabel Saenger (Org.). *História oral do Supremo (1988-2013), v. 12: Luiz Fux*. Rio de Janeiro: Escola de Direito do Rio de Janeiro da Fundação Getulio Vargas, 2016b.

_____; _____; SATO, Leonardo Seiichi Sasada (Org.). *História oral do Supremo (1988-2013), v. 5: Sydney Sanches*. Rio de Janeiro: Escola de Direito do Rio de Janeiro da Fundação Getulio Vargas, 2015a.

_____; PAULA, Christiane Jalles de; ALMEIDA, Fábio Ferraz de (Org.). *História oral do Supremo (1988-2013), v. 13: Moreira Alves*. Rio de Janeiro: Escola de Direito do Rio de Janeiro da Fundação Getulio Vargas, 2016c.

_____; _____; SATO, Leonardo Seiichi Sasada; GUIMARÃES, Fabrícia Corrêa (Org.). *História oral do Supremo (1988-2013), v. 9: Nelson Jobim*. Rio de Janeiro: Escola de Direito do Rio de Janeiro da Fundação Getulio Vargas, 2015b.

_____; QUEIROZ, Rafael Mafei Rabelo; SATO, Leonardo Seiichi Sasada (Org.). *História oral do Supremo (1988-2013), v. 1: Rafael Mayer*. Rio de Janeiro: Escola de Direito do Rio de Janeiro da Fundação Getulio Vargas, 2015c.

_____; SANTOS, Carlos Victor Nascimento dos; CANTISANO, Pedro Jimenez; ARGUELHES, Diego Werneck; PEREIRA, Thomaz Henrique Junqueira (Org.). *História oral do Supremo (1988-2013), v. 21: Dias Toffoli*. Rio de Janeiro: Escola de Direito do Rio de Janeiro da Fundação Getulio Vargas, 2017b.

_____; SATO, Leonardo Seiichi Sasada (Org.). *História oral do Supremo (1988-2013), v. 2: Aldir Passarinho*. Rio de Janeiro:

Escola de Direito do Rio de Janeiro da Fundação Getulio Vargas, 2015d.

_____; SILVA, Angela Moreira Domingues da; ALMEIDA, Fabio Ferraz de (Org.). *História oral do Supremo (1988-2013), v. 4: Cezar Peluso*. Rio de Janeiro: Escola de Direito do Rio de Janeiro da Fundação Getulio Vargas, 2015e.

_____; _____; GUIMARÃES, Fabrícia (Org.). *História oral do Supremo (1988-2013), v. 6: Célio Borja*. Rio de Janeiro: Escola de Direito do Rio de Janeiro da Fundação Getulio Vargas, 2015f.

_____; _____; NUÑEZ, Izabel Saenger (Org.). *História oral do Supremo (1988-2013), v. 3: Sepúlveda Pertence*. Rio de Janeiro: Escola de Direito do Rio de Janeiro da Fundação Getulio Vargas, 2015g.

_____; _____; SANTOS, Carlos Victor Nascimento dos (Org.). *História oral do Supremo (1988-2013), v. 8: Néri da Silveira*. Rio de Janeiro: Escola de Direito do Rio de Janeiro da Fundação Getulio Vargas, 2015h.

_____; VANNUCCHI, Marco Aurélio; SANTOS, Carlos Victor Nascimento dos (Org.). *História oral do Supremo (1988-2013), v. 11: Luís Roberto Barroso*. Rio de Janeiro: Escola de Direito do Rio de Janeiro da Fundação Getulio Vargas, 2016d.

## Referências

ALBERTI, Verena. De "versão" a "narrativa" no *Manual de história oral*. *História Oral*, v. 15, n. 2, jul./dez. 2012, p. 159-166.

_____. *Manual de história oral*. Rio de Janeiro: FGV, 2013.

ALMEIDA, Frederico Normanha Ribeiro de. *A nobreza togada*. As elites jurídicas e a política da justiça no Brasil. Tese (doutorado em ciência política) — Universidade de São Paulo, São Paulo, 2010.

ARGUELHES, Diego Werneck; RIBEIRO, Leandro Molhano. Indicações presidenciais para o Supremo Tribunal Federal e seus fins políticos: uma resposta a Mariana Prado e Cláudia Türner. *Revista de Direito Administrativo*, Rio de Janeiro, v. 255, 2010, p. 115-143.

BONELLI, Maria da Gloria. A competição profissional no mundo do Direito. *Tempo Social*, São Paulo, v. 10, n. 1, jun. 1998, p. 185-214. Disponível em: www.revistas.usp.br/ts/article/view/86766. Acesso em: 17 out. 2017.

BOURDIEU, P. A ilusão biográfica. In: FERREIRA, Marieta de Moraes; AMADO, Janaína (Coord.). *Usos & abusos da história oral*. Rio de Janeiro: Editora da Fundação Getulio Vargas, 1996, p. 183-191.

______. *Razões práticas*: sobre a teoria da ação. 9. ed. Campinas: Papirus, 2008 [1994].

FONTAINHA, Fernando de Castro; NUÑEZ, Izabel Saenger; OTERO, Verônica Beviláqua. O lugar das elites jurídicas: o deslocamento territorial dos ministros do STF (1988-2013)/ Legal elite's spots: supreme court justices (1988-2013) and territorial displacement. *Contemporânea* — Revista de Sociologia da UFSCar, São Carlos, v. 7, n. 2, 2017, p. 341-341.

KANT DE LIMA, Roberto; EILBAUM, Lucía; MEDEIROS, Flavia. (Org.). *Casos de repercussão*: perspectivas antropológicas sobre rotinas burocráticas e moralidades. Rio de Janeiro: Confluências, 2017.

MARENCO DOS SANTOS, André; DA ROS, Luciano. Caminhos que levam à corte: carreiras e padrões de recrutamento dos ministros dos órgãos de cúpula do poder judiciário brasileiro

(1829-2006). *Revista de Sociologia e Política*, v. 16, n. 30, jun. 2008, p. 131-149.

NARAYAN, Kirin. How native is a "native" anthropologist? *American Anthropologist*, v. 95, n. 3, 1993, p. 671-686.

OLIVEIRA, Fabiana Luci de. *STF*: do autoritarismo à democracia. Rio de Janeiro: Elsevier, 2012.

TÜRNER, Cláudia; PRADO, Mariana. A democracia e seu impacto nas nomeações das agências reguladoras e ministros do STF. *Revista de Direito Administrativo*, Rio de Janeiro, v. 250, jan./abr. 2010, p. 27-74.

VIEIRA, Oscar Vilhena. Supremocracia. *Revista Direito GV*, São Paulo, v. 4, n. 2, 2008, p. 441-463.

VIVEIROS DE CASTRO, Eduardo. O nativo relativo. *Mana*: Estudos de Antropologia Social, São Paulo, v. 8, n. 1, 2002, p. 113-148.

# 5. Gestão e preservação audiovisual na era digital: os desafios do futuro

*Ninna Carneiro*

Acervos, sejam eles pertencentes a arquivos ou museus, são centros de preservação de memória e difusão de conhecimento. Produção, armazenamento, preservação e acesso são elementos essenciais das práticas dessas instituições, sendo objeto de extensos debates tanto no âmbito da teoria quanto sobre questões práticas. No entanto, é preciso salientar que a pluralidade da natureza dos documentos, que muitas vezes compõem as coleções arquivísticas, implica também discutir os diferentes tipos de práticas de preservação que devem ser adotadas.

No mundo contemporâneo, documentos audiovisuais vêm ganhando uma relevância cada vez maior no campo arquivístico. O aumento desse tipo de arquivos, produzidos diariamente e em larga escala, traz desafios de gestão específicos às instituições de acervo, demandando novas estratégias no campo da preservação, como rotinas de trabalho específicas para a manutenção dos suportes físicos e digitais, incluindo um plano de preservação a longo prazo que englobe questões como manutenção de *storages* digitais, isto é, espaços de armazenamento de arquivos digitais, verificação da integridade dos arquivos, acompanhamento das tendências do meio digital, entre outros.

Como definição do que são documentos audiovisuais, Ray Edmondson propõe:

> Por documentos audiovisuais podemos entender: gravações visuais (com ou sem banda de som [*soundtrack*]) independente [da sua base física] do seu suporte e processo de gravação usado, como filmes, [*filmstrips*] diafilmes, microfilmes, diapositivos, fitas magnéticas, cinescópios [*kinescopes*], videogramas [*videograms*], videotapes – fitas de vídeo (videotapes, videodiscos), discos ópticos legíveis por laser (a) planejados para recepção pública quer através de televisão ou por meio de projeção em écrans ou por quaisquer outros meios (b) destinados a ser postos à disposição do público. [Edmondson, 2013:26]

Em termos de arquivos audiovisuais, isto é, um conjunto de documentos audiovisuais custodiado em um acervo que pressupõe sua gestão, preservação e difusão, podemos destacar também as entrevistas de história oral. Como indica Alberti:

> Se pudermos arriscar uma rápida definição, diríamos que a história oral é um método de pesquisa (histórica, antropológica, sociológica etc.) que privilegia a realização de entrevistas com pessoas que participaram de, ou testemunharam, acontecimentos, conjunturas, visões de mundo, como forma de se aproximar do objeto de estudo. Como consequência, o método da história oral produz fontes de consulta (as entrevistas) para outros estudos, podendo ser reunida num acervo aberto a pesquisadores. [Alberti, 2005:11]

Entrevistas de história oral buscam registrar depoimentos de personagens cuja trajetória de vida dialogue com temas mais abrangentes, compondo um quadro amplo que conjuga diferentes narrativas e subjetividades. As entrevistas de história oral, portanto, resultam de uma abordagem que preza a compreensão de detalhes da história de vida dos personagens. Elas, contudo, geram documentos sonoros ou audiovisuais, o que apresenta desafios particulares em termos de gestão e preservação.

## Preservação digital

O Programa de História Oral (PHO) do Centro de Pesquisa e Documentação de História Contemporânea do Brasil (CPDOC), criado em 1975, foi um dos programas pioneiros na utilização da metodologia da história oral no Brasil. Até meados da década de 2000, os depoimentos eram registrados apenas em áudio, com a utilização de suportes como fitas rolo e fitas cassete para a gravação. De forma gradual, o uso do audiovisual passou a ser incorporado no PHO, o que possibilitou o registro de novas camadas de significados para as entrevistas de história oral. Com o audiovisual, tornou-se possível não somente analisar uma entrevista por meio da sua oralidade, da sua narrativa, mas também por meio do gestual, da posição corporal do entrevistado, de uma corporalidade presente àquele momento da entrevista.

A adoção do audiovisual como formato de gravação de forma sistemática pelo PHO implicou uma mudança não somente nos procedimentos de registro, mas também em todos os processos de digitalização e, posteriormente, preservação.

Em 2008, uma parte do acervo textual e iconográfico do Programa de Arquivos Pessoais (PAP), assim como documentos sonoros e audiovisuais do PAP e do PHO, foi digitalizada, num projeto de larga escala. Naquele momento, as questões e debates acerca do tratamento dos documentos digitais passaram a ser uma das pautas centrais de discussões no CPDOC, tratando de temas como a escolha de *storages* digitais, *backups*, a garantia da integridade dos arquivos, o diálogo com a tecnologia da informação, entre outros.

Em 2016, em mais uma mudança em termos de rotinas, o PHO passou a realizar a gravação de suas entrevistas apenas em suporte digital, o que suscitou novos questionamentos sobre os tipos de práticas adequados que devem ser adotados para documentos nato-digitais, isto é, que já nascem no meio digital.

As discussões acerca desse tema têm ganhado força nos últimos anos, reunindo acadêmicos e profissionais das áreas da arquivologia, história e cinema, entre outros. No Brasil, a Associação Brasileira de Preservação Audiovisual (ABPA) surge como um dos principais centros de debates e reflexões sobre o tema, promovendo encontros, palestras e agindo como um meio de diálogo e conexão no meio arquivístico audiovisual. Os esforços dos membros da ABPA resultaram na criação do "Plano Nacional de Preservação Audiovisual",[1] que delineia, em termos gerais, propostas e metas a serem alcançadas na área. Em relação aos principais desafios apresentados, a ABPA elenca:

1. Necessidade de uma política que norteie a preservação audiovisual no Brasil;
2. Carência de estabilidade nas ações de preservação audiovisual no país;
3. Articulação deficiente entre as instituições públicas e privadas de preservação, bem como entre as unidades federativas;
4. Necessidade de enfrentamento dos desafios colocados pela preservação digital;

1 Disponível em: www.abpreservacaoaudiovisual.org/site/images/banners/PNPA.pdf. Acesso em: 2 mai. 2022.

5. Necessidade de maior reconhecimento, pelo Estado e pela sociedade, do patrimônio audiovisual como integrante do patrimônio cultural do Brasil;
6. Carência de recursos, de recursos estáveis e de planejamento de longo prazo;
7. Legislação inadequada e desatualizada;
8. Falta de incentivo para pesquisa e publicação;
9. Disparidade entre os acervos espalhados pelo Brasil, com concentração de recursos e ações no eixo Rio de Janeiro-São Paulo;
10. Falta de incorporação sistemática, pelas instituições detentoras de acervos, de obras audiovisuais nativas digitais;
11. Instituições detentoras de acervos audiovisuais com: infraestrutura precária; recursos humanos e financeiros insuficientes e instáveis; formação precária e/ou desatualizada de parte dos funcionários ativos nas instituições. Ao mesmo tempo, existência de profissionais capacitados fora das instituições de preservação; diagnóstico e catalogação deficiente dos acervos; falta de uma política de acervo na maioria das instituições.

O Rio de Janeiro se apresenta como uma cidade expressiva dentro do país em termos de coleções arquivísticas de acervos audiovisuais, tais como Arquivo Nacional, Museu da Imagem e do Som, Instituto Moreira Salles, Fundação Nacional de Artes, Cinemateca do Museu de Arte Moderna, Fundação Oswaldo Cruz, Associação Brasileira de Letras e o CPDOC. Entretanto, pouco se sabe sobre as rotinas e práticas de armazenamento e preservação que técnicos e pesquisadores empreendem em seus acervos, uma vez que esses procedimentos ou não se encontram institucionalizados, ou não são publicizados. Quais suportes, formatos e *backups* são utilizados?

Para além de estabelecer rotinas de trabalho e práticas de gestão e preservação, é necessário que haja a documentação desses processos, tanto no âmbito interno institucional quanto para trocas externas. O já mencionado plano de preservação elaborado pela ABPA sugere diversas medidas e propostas em termos da preservação audiovisual, mas é preciso também levar em conta o questionamento sobre quais são as práticas já seguidas. Igualmente, é preciso considerar quais foram as discussões acerca do processo de digitalização de documentos audiovisuais, e a maneira como as instituições estão lidando com os documentos nato-digitais. Documentar as práticas é efetuar um registro histórico dos processos rotineiros de uma instituição de forma que os futuros profissionais desses acervos possam compreender como se estabeleceu o modelo de organização.

A publicização das práticas mencionadas representa um segundo momento, no qual as instituições apresentam sua experiência como forma de estabelecer um diálogo na comunidade dos acervos.

Esse movimento de exposição de rotinas e práticas arquivísticas, como publicações voltadas para profissionais e pesquisadores de acervo, tem ganhado mais força, com instituições como a Fiocruz e o Arquivo Nacional apresentando iniciativas similares, mas ainda assim são raros projetos dessa natureza. Documentar as práticas de rotina de uma instituição não é importante somente como forma de mostrar o trabalho que é realizado, mas também como um elemento de memória institucional, sedimentando as escolhas e os processos efetuados pelos profissionais na época. Numa linha similar, revisitar os manuais e as práticas estruturados representa outro ponto crucial, uma vez que a efemeridade que o meio digital imprime aos arquivos leva à necessidade de atualizar e debater constantemente as medidas de gestão adotadas nos arquivos.

Em 2020, um desafio inédito se impôs às práticas estabelecidas do PHO. A pandemia da Covid-19, representou uma ruptura nas rotinas de trabalho, e o CPDOC não foi uma exceção à regra. A adaptação para o esquema de trabalho remoto, iniciada de maneira forçada e por motivos emergenciais, em março de 2020, significou repensar não somente as práticas já estabelecidas pelos arquivos, mas também as possíveis repercussões para o futuro das instituições que lidam com acervos. Da mesma maneira que as questões trazidas pelo momento extraordinário ocasionado pela pandemia da Covid-19, foi preciso também começar a pensar nas práticas adotadas no momento pós-pandêmico, com as possibilidades, que se tornaram mais comuns, do ensino à distância e dos aprendizados híbridos.

## A experiência do CPDOC

Em seu texto "O que faz a história oral diferente", Alessandro Portelli afirma: "fontes orais contam-nos não apenas o que o povo fez, mas o que queria fazer, o que acreditava estar fazendo e o que agora pensa que fez" (Portelli, 1997:25). Essa concepção das fontes orais como lugar de partida da pesquisa histórica foi um dos pontos centrais na construção do PHO, que buscou registrar e preservar depoimentos de personagens que tiveram destacada atuação na história política brasileira contemporânea. Ao longo dos anos, o PHO passou a abranger temas mais diversos, como gestores culturais, esportistas, lideranças de movimentos sociais e intelectuais. Além disso, o Programa se manteve como uma das principais referências na área no Brasil, em grande parte por estar constantemente atualizando seus procedimentos metodológicos.

Até meados dos anos 2000, as entrevistas do PHO eram registradas apenas em áudio, ou por meio de fitas rolo, ou de fitas cassetes. A utilização por uma ou outra forma de suporte no registro sonoro variava, geralmente, em função de a entrevista ser realizada nas dependências da FGV (quando geralmente a fita rolo era utilizada) ou fora da FGV (quando geralmente se utilizavam fitas cassete, por demandarem um equipamento mais portátil). A utilização do audiovisual como meio de gravação das entrevistas de história oral de forma sistemática foi introduzida pela primeira vez no projeto "Cientistas Sociais de Países de Língua Portuguesa: histórias de vida", iniciado em 2007 e atualmente renomeado para "Memória das Ciências Sociais", idealizado pelo antropólogo Celso Castro.[2] O projeto, que se estende até os dias de hoje e já conta com cerca de 160 depoimentos audiovisuais disponíveis para consulta *on-line*, busca retratar as trajetória de intelectuais brasileiros e portugueses do campo das ciências sociais, constituindo-se no maior repositório da memória intelectual dessa área.

Integrar o audiovisual às práticas de gravação do PHO implica mais do que somente trocar o gravador de áudio pela câmera. Documentos audiovisuais, como já foi apontado, demandam um tratamento específico em termos de gestão, preservação e acesso. Inserir documentos dessa natureza num arquivo que até então

2 Verena Alberti começou a gravar em vídeo as entrevistas do projeto "História do Movimento Negro no Brasil" em 2003, mas elas só foram digitalizadas posteriormente. O projeto "Cientistas Sociais de Países de Língua Portuguesa: histórias de vida" é considerado um marco no CPDOC por não somente adotar a linguagem audiovisual de forma sistemática, mas também por prever sua disponibilização no Portal CPDOC.

custodiava apenas documentos sonoros[3] significou repensar as práticas rotineiras do PHO, e essa nova etapa do acervo coincidiu com um investimento por parte do CPDOC na esfera do digital.

Em primeiro lugar, é preciso compreender que o processo de filmagem ou de gravação sonora das entrevistas representa um registro histórico, e deve ser tratado com o devido esmero técnico. A garantia da qualidade de áudio e som representa o primeiro passo no processo de perenizar um registro, assim garantindo que o conteúdo das entrevistas esteja à altura dos padrões estabelecidos pelo PHO. Nesse ponto, vale ressaltar que a preocupação com o registro histórico coloca em segundo plano eventuais questões estéticas de filmagem. Nas entrevistas, a câmera é fixada em plano médio no entrevistado, ou seja, são gravados somente os gestos e expressões do depoente, em geral sem mostrar o ambiente de filmagem ou outras pessoas presentes à gravação.[4]

Para além do registro, a gestão e a preservação da fonte produzida são um passo essencial no tratamento do material. No CPDOC, a metodologia de gestão das entrevistas de história oral já se encontra estabelecida desde o início dos anos 2000, por meio de uma base de dados digitais onde todas as informações referentes à entrevista realizada eram cadastradas, assim como eventuais observações que tratam desde restrições do conteúdo, interrupções na gravação, número de sessões realizadas, duração da entrevista, equipe de filmagem, entrevistadores presentes, entre outras.

---

3 Importante ressaltar que estamos tratando do acervo do Programa de História Oral. O PAP do CPDOC já possuía documentos audiovisuais que vieram como parte dos arquivos doados à instituição, e que foram digitalizados juntamente com os documentos sonoros do PHO, mas não trataremos deles neste texto.

4 Em alguns projetos, contudo, são tomados planos iniciais ou finais mais "abertos" ou, em algumas entrevistas específicas, utilizada mais de uma câmera.

Por exemplo, em caso de alguma interrupção inesperada ao longo da entrevista, como um eventual problema técnico de falha da lapela que está captando o áudio do entrevistado, ou ruídos sonoros externos que impactam na qualidade do som geral da entrevista, esses detalhes são registrados na base. Também ficam registradas possíveis restrições do uso do depoimento, caso sejam solicitadas pelo entrevistado, tais como supressão de trechos ou liberação somente no formato transcrito.

Essas práticas de rotina se apresentam como uma das bases do trabalho de gestão do PHO, pois permitem a busca rápida de informações referentes a todo o acervo, desde sua criação em 1975 até os dias atuais. O sistema, que foi implementado no início dos anos 2000, possibilita que as informações sejam acessíveis aos diferentes funcionários que circulam nas posições de gestão do acervo. Porém, é necessário ressaltar que suas funcionalidades, como o cadastro de entrevistas, projetos, equipe, inserção de arquivos digitais e liberação de entrevistas, podem ser confusas para quem não está familiarizado com o funcionamento do ambiente.

Nesse sentido, documentar as práticas de rotina representa um ponto importante em termos de gestão de arquivos, uma vez que o conhecimento das atividades não pode ficar restrito a um determinado funcionário, que pode ou não se encontrar presente em um determinado momento, ou que pode, inclusive, ser eventualmente desligado da instituição, levando consigo um conhecimento técnico intrínseco ao funcionamento de uma atividade específica.

As discussões teóricas, essenciais e amplamente discutidas e revisitadas, devem se aliar às questões de cunho mais prático. Um manual de boas práticas, que apresente os principais pontos das rotinas estabelecidas pela instituição, atua como um ponto de partida para compreender não somente os meandros técnicos envolvidos na gestão de um acervo, mas também nas escolhas empreendidas por aqueles que o estabeleceram. Dessa forma, também auxilia como centro de reflexões e debates, pois pode e deve ser revisitado diante de novas técnicas adotadas, inovações tecnológicas, práticas obsoletas, ou até mudanças como a adoção de novos suportes de gravação e de preservação.

Em 2008, um projeto de larga escala, apoiado pelo Banco Santander, promoveu a digitalização de parte do acervo textual do CPDOC e todo o acervo sonoro do PHO e do PAP. Em um artigo publicado em 2008, Marco Dreer, que na época atuava como analista de Documentação e Informação no CPDOC, e esteve à frente do processo de digitalização do PHO, aponta alguns dos procedimentos então adotados. Em termos da opção pela digitalização, ele afirma:

> A preservação de longo prazo só pode ser plenamente alcançada no campo digital, por alguns motivos principais. Primeiramente, em função de sua codificação binária — na qual as informações vêm sob a forma de números (sempre zero e um) — os arquivos digitais podem ser copiados com precisão matemática. Em segundo lugar, e diretamente relacionado ao primeiro ponto, no campo digital não ocorrem perdas de informação quando da passagem de um sistema para outro. [Dreer, 2008:4]

A afirmação de Dreer, que está aliada ao conceito de preservação já apontado por Edmondson, considera que, em termos de um planejamento a longo prazo de acervos, a digitalização representa um passo crucial, uma vez que a partir desse processo podemos garantir uma perenidade aos documentos que somente a preservação do suporte físico não garante.

Mas um passo anterior à questão da preservação é a definição dos formatos de guarda e de acesso dos arquivos produzidos. Em relação a documentos sonoros, existe atualmente um consenso das instituições internacionais em relação à adoção do padrão Waveform Audio File Format (WAV), que é um formato sem compressão (ou *lossless*) com uma resolução de amplitude de 24 bits e uma taxa de amostragem de 48 kHz. Para a escolha do formato de acesso, inicialmente o CPDOC optou pelo formato OGG, muito utilizado em *streams* de música, mas em tempos recentes o formato de acesso priorizado foi o MP3, que comprime o arquivo sem oferecer perdas significativas de qualidade.

No que se refere a documentos audiovisuais, a questão do formato representa um debate mais complexo. A International Association of Sound and Audiovisual Archives (Iasa), referência em termos de arquivística internacional, oferece indicações em termos de formatos adequados a serem adotados, mas ainda não há um consenso definido, como no caso de documentos sonoros. No CPDOC, a opção foi pelo formato MOV, que usa o *codec* MPEG-4 para compressão, em termos de arquivos de guarda, e MP4 para acesso. Essa escolha, feita no processo da digitalização dos documentos audiovisuais do PAP e no início das gravações em vídeo do PHO, se mantém até hoje, mas se encontra aberta para questionamentos e novas reflexões. Uma questão central é que o formato MOV, mesmo que amplamente utilizado por instituições que sediam arquivos audiovisuais por ser adequado como arquivo de guarda, é um formato proprietário.

Formatos proprietários são aqueles desenvolvidos por uma empresa, que se responsabiliza pela manutenção do código operacional, que garante a continuidade do seu uso. No que se refere ao MOV, ele foi desenvolvido pelo Quicktime Player, da Apple, uma grande referência dentro do mercado audiovisual. Mas ser um formato proprietário implica que, caso a empresa opte por descontinuar o formato, não será mais possível atualizá-lo, o que gera um risco de obsolescência digital.

Nos debates no meio de arquivos audiovisuais, a obsolescência de suportes físicos e equipamentos é amplamente discutida, no caso de acervos em risco por causa de películas que se deterioram ao passar do tempo, ou da crescente escassez de técnicos aptos para manusear equipamentos mais antigos. A questão da obsolescência, de fato central no caso de muitos arquivos, não se aplica ao CPDOC, que possui a rara e privilegiada condição de já ter digitalizado todo o seu acervo sonoro e audiovisual,[5] o que possibilita focar mais nas discussões acerca dos desafios do digital.

Entre esses desafios, a obsolescência de formatos se apresenta como um ponto crucial de debate dentro do campo do audiovisual, pois a falta de consenso da comunidade em geral e os desafios próprios, como arquivos mais pesados que demandam mais espaço de armazenamento, o surgimento constante de novas opções de formatos e *softwares*, demandam que exista uma pesquisa constante e atenta sobre o que tem surgido como novo nessa área.

No caso do PHO, a organização do seu servidor e seu sistema de *backup* e de verificação de dados dos arquivos digitais produzidos foram estabelecidos no momento da digitalização do seu acervo. Para qualquer instituição este é um momento que representa uma virada de chave em termos de práticas, uma vez que são definidas as técnicas e rotinas adotadas no futuro pelos profissionais que integram a sua equipe.

É importante ressaltar que esse não é um processo finito, uma vez que preservação é uma atividade em constante mudança, ocorrendo em um processo de evolução que requer uma movimen-

---

5 Aqui estou considerando os documentos já custodiados pelo CPDOC. Em termos do PAP, existe a questão de novos acervos adquiridos que contêm documentos audiovisuais não digitalizados. Mesmo que esse assunto não seja tratado aqui, é importante ressaltar que uma mudança no padrão de formato de guarda e acesso de documentos audiovisuais irá impactar o tratamento futuro desses acervos.

tação contínua. Um documento nunca será preservado de forma definitiva, seja em seu formato físico ou digital, fazendo com que seja necessário sempre revisitar as discussões técnicas acerca dos padrões escolhidos.

Assim como um arquivo possui uma lógica organizacional em termos dos seus documentos físicos, organizar arquivos digitais implica estabelecer padrões de guarda, de nomenclatura e de estrutura. Como já foi mencionado neste capítulo, trabalhar com preservação é uma atividade perene, o que significa manter um sistema de organização que garanta não somente a integridade dos arquivos, mas também permita que eles sejam facilmente acessados no futuro, representando uma das atividades primordiais no trabalho de profissionais de acervo.

No caso do CPDOC, os arquivos digitalizados e nato-digitais estão armazenados em um servidor custeado pela própria FGV, ficando sob os cuidados da área da tecnologia da informação da instituição. O espaço concedido ao CPDOC serve como repositório digital dos manuscritos, das fotografias, dos documentos textuais, iconográficos, sonoros e audiovisuais que compõem a totalidade do acervo do PAP e do PHO. Divididos em diferentes fatias, cada área do servidor é organizada de acordo com uma estrutura previamente estabelecida pelos programas, no momento em que os arquivos digitais passaram a ser introduzidos no acervo.

Essa discussão é um dos principais pontos que os acervos atualmente estão precisando enfrentar, em meio aos desafios apresentados pelas constantes inovações ocasionadas pelo digital. Como traduzir a organização de suportes físicos para suportes digitais? Até que ponto é necessário respeitar os padrões previamente estabelecidos, e quando se fazem necessárias mudanças em termos de organização?

Como já apontado anteriormente, a área da preservação digital no Brasil que se debruça sobre os documentos audiovisuais como fonte de estudo ainda se encontra em estágio de consolidação, com poucos trabalhos tratando especificamente do assunto. O tema já é tratado de maneira mais aprofundada quando falamos de forma mais ampla sobre o digital, tanto em termos de gestão quanto de preservação.

Em artigo publicado em 2016 na *Revista Digital de Biblioteconomia e Ciência da informação* (RDCBI), os pesquisadores Miguel Ángel Márdero Arellano e Alexandre Faria de Oliveira tratam da questão referente aos repositórios digitais e a consequente implementação de práticas de preservação, afirmando:

> Na era dos repositórios digitais a preservação digital tem sido relacionada com o acesso livre, com os repositórios institucionais, com os sistemas de armazenamento e de *backup*, sendo que ela, em primeiro lugar, é um problema técnico relacionado com todas as atividades de manutenção e de cuidados dos objetos digitais. [Márdero Arellano e Oliveira, 2016:466]

Os autores apontam como a questão da preservação precisa ser pensada como um todo, em relação às preocupações acerca dos chamados objetos digitais, e deve ser entendida não somente no âmbito da teoria, mas também encarada de um ponto de vista técnico. Sobre essa questão, é importante considerar que o diálogo entre as diferentes áreas da história, biblioteconomia e ciência da informação representa um ponto cada vez mais central nesses debates, com um entendimento crescente de que as melhores práticas e soluções para a gestão de objetos digitais encontram-se na interdisciplinaridade entre esses campos.

Ainda sobre a questão da preservação, os autores pontuam:

> [...] surgem no final do século XX estratégias de preservação digital que procuram incorporar todos os aspectos relacionados ao problema tecnológico: custos, legislação, gestão, acesso, políticas e critérios. São formas de reunir soluções parciais ante um problema complexo no qual estão envolvidos, entre outros itens, a migração, emulação, arqueologia digital, criptografia, metadados, formatos-padrão e *software* livre. [Márdero Arellano e Oliveira, 2016:466]

Com essa afirmação, os pesquisadores apresentam as principais questões relacionadas com a preservação, e como esses critérios devem ser ponderados ao se elaborar um plano geral a ser adotado pelas instituições. Ressaltando a complexidade envolvida em todo o processo, os autores demonstram como existe uma multiplicidade de escolhas quando começamos a pensar em preservação, e cada uma dessas etapas deve ser fruto de extensa pesquisa no sentido de garantir a sustentabilidade dos documentos a serem preservados.

No que se refere ao tema em particular do audiovisual, em um artigo de 2019, Inês Aisengart Menezes apresenta uma reflexão sobre o lugar do audiovisual em meio aos debates sobre patrimônio no Brasil, apontando:

> A importância do audiovisual como parte da memória coletiva é indubitável. Contudo, seu reconhecimento como integrante do patrimônio cultural não é pleno: não há nenhuma instituição filiada ao Ibram ou Iphan que contemple a tecnologia do audiovisual em um espaço museológico. A salvaguarda do patrimônio audiovisual encontra-se à margem das principais instâncias de patrimônio do país, sendo raras as discussões voltadas ao seu englobamento, com exceção daquelas fomentadas pela própria classe. [Menezes, 2019:90]

Em seu texto, que busca questionar o lugar ocupado pelo profissional da preservação audiovisual em nosso país, a autora aponta como essa área em particular muitas vezes se encontra na periferia dos debates, inserindo-se de forma tímida dentro de uma discussão mais ampla sobre o patrimônio cultural brasileiro. Além disso, Menezes ressalta:

> Enquanto a Arquivologia aborda o audiovisual de forma periférica, na prática os profissionais com outras formações que atuam na contemporaneidade no campo da preservação audiovisual contaram com restrito contato com a teoria da Arquivologia tradicional. Tal condição torna inadequado o uso do termo "arquivista audiovisual" para uma significativa parcela de profissionais brasileiros. [Menezes, 2019:91]

A autora propõe o uso do termo "preservacionista audiovisual" como uma forma de denominar os "profissionais da memória" que atuam na gestão desse tipo de documento. Nesse sentido, a diferenciação sugerida pela autora, em que o âmbito da preservação audiovisual no Brasil aparece como deslocado da centralidade dos debates da arquivologia, nos propõe um questionamento interessante: se não na arquivologia, onde deve ser feito esse debate?

## Referências

ALBERTI, Verena. *Manual de história oral*. 3. ed. rev. e atual. Rio de Janeiro: FGV Editora, 2005.

ASSOCIAÇÃO BRASILEIRA DE PRESERVAÇÃO AUDIOVISUAL (ABPA). *Plano Nacional de Preservação Audiovisual*. Versão aprovada na Assembleia Geral Ordinária da ABPA, realizada durante a 11ª Cineop, em 27/6/2016. In: D'ANGELO,

Rachel Hallak; D'ANGELO, Fernanda Hallak. *Cineop — 12ª Mostra de Cinema de Ouro Preto — Cinema Patrimônio*. Belo Horizonte: Universo Produção, 2017, p. 114-119.

DREER, Marco. Estratégias de preservação de longo prazo em acervos sonoros e audiovisuais. In: ENCONTRO NACIONAL DE HISTÓRIA ORAL, 9, 2008, São Leopoldo, RS. *Anais...* Rio de Janeiro: Associação Brasileira de História Oral; São Leopoldo, RS: Unisinos, 2008.

EDMONDSON, Ray. *Filosofia e princípios da arquivística audiovisual*. Tradução de Carlos Alberto de Souza. Rio de Janeiro: Associação Brasileira de Preservação Audiovisual, 2013.

IASA-TC 03. *A salvaguarda do patrimônio audiovisual*: ética, princípios e estratégia de preservação. 2017. Disponível em: www.iasa-web.org/tc03-pt/etica-principios-e-estrategia-de--preservacao.

IASA-TC 06. *Guidelines for the preservation of video recordings*. 2018. Disponível em: www.iasa-web.org/sites/default/files/publications/IASA-TC_06-A_20180518.pdf.

MÁRDERO ARELLANO, Miguel Ángel; OLIVEIRA, Alexandre Faria de. Gestão de repositórios de preservação digital. *Revista Digital de Biblioteconomia e Ciência da Informação*, Campinas, SP, v. 14, n. 3, 2016, p. 465-483. DOI: 10.20396/rdbci.v14i3.8646346. Disponível em: periodicos.sbu.unicamp.br/ojs/index.php/rdbci/article/view/8646346. Acesso em: 2 mai. 2022.

MENEZES, Ines Aisengart. O profissional atuante na preservação audiovisual. *Museologia & Interdisciplinaridade*, v. 8, n. 15, 2019, p. 85-104. Disponível em: https://doi.org/10.26512/museologia.v8i15.24668. Acesso em: 2 mai. 2022.

PORTELLI, Alessandro. O que faz a história oral diferente. *Projeto História*, São Paulo, n. 14, fev. 1997, p. 25-39.

# 6. Da entrevista ao documentário: sobre a memória da luta pela liberdade em África na narrativa do comandante Pedro Pires[1]

*Celso Castro*
*Thais Blank*

Em junho de 2019 fomos a Cabo Verde realizar uma entrevista de história oral com o "comandante" Pedro Pires, um dos principais líderes ainda vivos da luta anticolonial em África. Nascido em 1934, Pedro Verona Pires lutou pela libertação de Guiné-Bissau e Cabo Verde do domínio colonial de Portugal. Após a independência de Cabo Verde, tornou-se primeiro-ministro do novo país (1975-91) e, mais adiante, seu presidente (2001-11). Em três dias de filmagem (13 a 15 de junho) gravamos cerca de 13 horas de entrevista, durante as quais Pedro Pires narrou sua história de vida, desde sua infância até hoje, passando pelas memórias da guerra anticolonial e da construção da República de Cabo Verde.

Após nosso retorno ao Brasil, nos dedicamos a produzir filmes de duração variada que montam trechos do depoimento com imagens de arquivo, como o objetivo de apresentar diferentes aspectos da narrativa concedida pelo comandante. Um primeiro, de 2019, com 11min43s de duração, foi sobre a necessidade de os africanos escreverem sua própria história.[2] Um segundo filme, de 2021, de

1 Uma versão anterior deste texto foi preparada para o Encuentro Internacional ReDOC Investigación 2020, "Investigación para y sobre documentales".

2 *The memory of the struggle for freedom in Africa*. Montagem de Beatriz Leal, Lucas Pípolos e Ninna Carneiro. Disponível em: https://youtu.be/VQg2fM7hwRs. Acesso em: 14 dez. 2022.

duração bem maior (1h4min40s), é sobre a participação de Pedro Pires na luta pela libertação de Guiné-Bissau, tema que ocupa uma posição central em sua narrativa.[3] O terceiro filme, de 2022 (28min53s), é sobre a independência de Cabo Verde.[4]

Este capítulo aborda o processo de realização desses filmes, propondo uma reflexão sobre os desafios e dilemas que acompanham o pesquisador na seleção e articulação da entrevista de história oral em uma nova linguagem fílmica. A partir dessa reflexão, propomos pensar o encontro entre o cinema documentário, o arquivo e a pesquisa histórica, como criador de "lugares de memória", na esteira do pensamento de Pierre Nora (1993), para quem não há memória espontânea, mas sim "vontades de memória" que permitem a construção de narrativas e identidades. Nosso percurso analítico passará pela descrição de três intencionalidades, momentos e processos distintos, porém intrinsecamente relacionados: nosso desejo de realizar uma entrevista de história oral com esse personagem; a vontade de Pedro Pires de registrar sua memória; e o processo posterior de produção dos documentários sobre a luta em Guiné-Bissau e a independência de Cabo Verde.

## A entrevista

O Centro de Pesquisa e Documentação de História Contemporânea do Brasil (CPDOC) foi criado na Fundação Getulio Vargas (FGV)

---

3 *A libertação da Guiné-Bissau: uma entrevista com o comandante Pedro Pires.* Montagem de Diana Sichel, Gabriel Cardoso e Ninna Carneiro. Disponível em: https://youtu.be/0vbiLqLrwkg. Versão com legendas em inglês: *The liberation of Guinea-Bissau: an interview with Commander Pedro Pires.* Disponível em: https://youtu.be/k9UC-TY85kg. Acesso em: 14 dez. 2022.

4 *A independência de Cabo Verde: uma entrevista com o comandante Pedro Pires.* Roteiro e montagem de Helena Monahan. Disponível em: https://youtu.be/lIvO_BcA4cs. Acesso em: 14 dez. 2022.

em 1973 com o objetivo de realizar pesquisas na área das ciências sociais sobre a história contemporânea do Brasil e de constituir um acervo documental sobre o período. É uma unidade da FGV, instituição de direito privado sem fins lucrativos criada em 1944 que goza de amplo reconhecimento nacional em sua área de atuação.

Já em 1975 foi criado no CPDOC o Programa de História Oral (PHO), o primeiro de seu tipo no Brasil. Nas décadas seguintes, foram realizadas cerca de 2.500 entrevistas e 7.700 horas de gravação, que ficavam em sua maior parte disponíveis para consulta pública. Várias dessas entrevistas foram também publicadas em livros. Além disso, o método de entrevistas e do trabalho com fontes orais recebeu especial atenção na instituição. Dessa forma, quando em 2013 ocorreu o primeiro contato com o comandante Pedro Pires, o CPDOC já possuía longa e reconhecida tradição na produção, processamento e divulgação de fontes orais.

A ideia de entrevistar o comandante Pedro Pires surgiu por acaso. Um colega da Diretoria Internacional da FGV que coordenava alguns projetos em Cabo Verde procurou-nos com o pedido de que entrevistássemos o comandante, personagem importante daquele país. Embora a quase totalidade do acervo de entrevistas do CPDOC fosse com personagens do Brasil, aceitamos a proposta, como forma de colaboração institucional. Acertou-se então com o comandante Pedro Pires a realização da entrevista ainda para o ano de 2013. A entrevista, contudo, não foi realizada porque nosso colega não conseguiu mobilizar os recursos financeiros necessários à viagem. Quatro anos depois, em 2017, ele retornou com a mesma proposta. Agendamos novamente a entrevista, porém, mais uma vez, não foram disponibilizados os recursos necessários à viagem, e os planos foram cancelados.

Em abril de 2019, conseguimos mobilizar recursos orçamentários próprios para custear a viagem, agora apenas no âmbito do

CPDOC, e retomamos o contato com o comandante Pedro Pires. Acertamos a data para junho e compramos as passagens. Além de nós dois, viajou também a Cabo Verde Diana Lacs Sichel, aluna de graduação em história que cursava a disciplina História da África e que atuou como assistente de pesquisa no projeto.

De nossa parte, portanto, tínhamos, por um lado, a longa tradição institucional de realização de entrevistas de história oral, embora, como já assinalamos, quase sempre referidas ao contexto brasileiro. Já havíamos, contudo, levantado material sobre a história de Cabo Verde e de nosso personagem, e elaborado um roteiro preliminar da entrevista. Além disso, pareceu-nos simpática a ideia de integrar à nossa experiência institucional a entrevista com um líder da luta contra o colonialismo — entrevista realizada, vale destacar, em língua portuguesa.

Após duas tentativas anteriores frustradas, quando afinal surgiu a oportunidade de finalmente entrevistarmos o comandante Pedro Pires, decidimos não a desperdiçar. Além da entrevista em si, que seria integrada a nosso acervo, já tínhamos a ideia de eventualmente editá-la em livro e em filme documentário, possibilidades que faziam parte de nosso repertório institucional.

## Desejo de história

Nosso entrevistado tinha na ocasião 85 anos e demonstrou excelente disposição para a entrevista. Ele tinha noção da importância da FGV no cenário brasileiro e, ao final da entrevista, deixou seu agradecimento pela instituição ter:

> [...] tomado essa decisão de trabalhar comigo uma visão do meu percurso como homem político e como africano que lutou pela in-

> dependência de seu país. Também estou muito agradecido por essa iniciativa, por essa... de certa forma, acho que é um ato de valorização do meu percurso enquanto africano, enquanto combatente da liberdade. [Castro, Blank e Sichel, 2021:9]

Essas últimas palavras — *valorização de seu percurso enquanto africano e combatente da liberdade* —, mais que parte de um agradecimento formal pelo trabalho que tivemos, devem ser lidas com todo o peso e a importância que assumiam para nosso entrevistado, o que só nos ficou claro ao longo da realização da entrevista. Em vários momentos ficou explícita a determinação do comandante em produzir e deixar registrada uma narrativa que confrontasse outras versões sobre a importância da luta em Guiné-Bissau para a independência de Cabo Verde e também valorizar o sacrifício dos *combatentes* — categoria que se referia a uma geração e a um perfil de companheiros que, a seu ver, não estaria tendo, hoje, o devido reconhecimento histórico.

Nosso entrevistado referiu-se de forma crítica a versões históricas que seriam, a seu ver, ainda afetadas pela narrativa *colonial*, mesmo que atualizadas no contexto contemporâneo. Embora o fim da luta em Guiné-Bissau tivesse ocorrido 45 anos antes, a *guerra da memória* continuaria até hoje. Quando se refere, por exemplo, à tentativa que os dominadores portugueses fizeram de provocar uma cisão entre cabo-verdianos e guineenses no interior do Partido Africano para a Independência da Guiné e Cabo Verde (PAIGC), diz que "até hoje contam essa história, à volta dessa coisa inventada por eles", e que "até hoje há resquícios dessa campanha sistemática contra os cabo-verdianos".

A acusação de que algumas narrativas estariam marcadas por uma *mentalidade colonial* (e também *colonizada*) é explícita: "O mal está no seguinte: é que falseou-se a nossa história durante todo o tempo. A versão que o colonialismo nos dá da história é falsa! Portanto, devemos nos descolonizar mentalmente também". Essa luta seria ainda longa e difícil:

> Eu acho que isso é uma luta, durante anos, décadas. É a velha questão dos símbolos, dos mitos. Veja que há várias ideias que não traduzem a verdade. [...] a história que nos é contada é altamente falsificada para justificar o injustificável. A nossa perspectiva sobre a questão das memórias — por isso é que trabalhamos, estamos a insistir no trabalho das memórias —, as memórias da nossa luta, as memórias do nosso passado, mas no sentido correto, realista. E não no sentido trabalhado, para justificar um sistema, ou para justificar os erros. Não. Eis a questão: Cabo Verde tem noção da sua história? Na minha perspectiva, não tem. Isso vamos trabalhar. [Castro, Blank e Sichel, 2021:200]

Pedro Pires usa uma metáfora para ilustrar a necessidade que vê em contar a história desde uma perspectiva *africana*, e não *colonial*, que encontra ressonância, no domínio da imaginação social cabo-verdiana, entre um país que estaria mais ligado ao mundo ocidental ou à África:

> Eu costumo utilizar um ditado africano que diz que "enquanto o leão não tiver o seu historiador, a glória vai para o caçador". Estou a tentar ver se o leão arranja o seu historiador. É o que eu digo aos meus amigos africanos: "a história contada pelos outros está carregada de preconceitos. Nós, vocês, têm de fazer a vossa história, temos de trabalhar isso". Porque o resto está carregado de preconceitos. [Castro, Blank e Sichel, 2021:10]

E, mais adiante:

> Eu quero convencer as pessoas que têm de ter a sua narrativa e que por vezes as pessoas, sem querer, entram na lógica da narrativa do caçador. Entram nessa lógica sem querer, ingenuamente, porque não estão atentos nem prevenidos. [Castro, Blank e Sichel, 2021:10]

O comandante refere-se, em mais de um momento da entrevista, a uma *guerra de símbolos* que estaria ocorrendo em relação à história de Cabo Verde, e diz explicitamente que "a minha luta é para que os símbolos coloniais não triunfem em Cabo Verde. Mas está sendo difícil, ou vai ser difícil".

A respeito da geração dos *combatentes* — a sua geração —, afirma: "Você não vai encontrar uma geração como aquela, que se sacrificou pela instalação e pela instituição do Estado soberano de Cabo Verde. Não encontrará na história de Cabo Verde uma geração como aquela." Quando presidente da República, esforçou-se por reparar um *dever de reconhecimento* (a expressão é dele) para com esses combatentes e para com a memória dessa luta:

> Na minha perspectiva era fundamental recuperar a autoestima dos cabo-verdianos, o sentido de nação, o sentido de um combate. Por isso, trabalhei muito a questão do reconhecimento público das pessoas. Fiz o reconhecimento público, condecorei aqueles que na verdade combateram pela libertação do país. [...] Fiz as cerimônias, condecorei as pessoas, dei visibilidade, dei valor a essas pessoas. Era fundamental para as pessoas terem orgulho de ter participado na luta de libertação. [...] Foi uma preocupação de valorizar a independência e valorizar aqueles que participaram na luta pela independência. [Castro, Blank e Sichel, 2021:194]

Em relação à luta pela memória dessa geração de combatentes, diz sentir uma *obrigação*:

> Porque os outros, os meus companheiros, já morreram quase todos. Quis o destino que eu tivesse uma vida mais longa e talvez melhores condições para isso. Eu tenho que cumprir isso. Portanto, sinto que tenho que cumprir e devo cumprir. Infelizmente, nem todos têm o mesmo empenho que eu tenho nessa questão, nessa matéria das memórias. [Castro, Blank e Sichel, 2021:11]

É importante ainda assinalar que Pedro Pires criou e preside a Fundação Amílcar Cabral, que visa a preservar e divulgar a memória de seu antigo líder, assassinado pouco antes do final da luta anticolonial. Trata-se, sobretudo, de recuperar a postura de Amílcar Cabral "como lutador pela liberdade dos cabo-verdianos e dos guineenses, e também pela liberdade dos povos africanos". É nesse contexto e com essa intenção de lutar contra outras memórias que se insere, do ponto de vista de nosso entrevistado, sua narrativa.

## Da história oral ao filme

Como afirmamos anteriormente, desde o início do projeto tínhamos o desejo de articular em formato de documentário o depoimento que Pedro Pires nos concederia. O CPDOC conta, desde 2007, com um Núcleo de Audiovisual e Documentário (NAD). O centro atua em diferentes frentes: oferece disciplinas e oficinas voltadas para análise e produção audiovisual, realiza filmes em conjunto com os alunos e professores da instituição, e trata as entrevistas de história oral gravadas no âmbito de diferentes projetos para serem disponibilizadas *on-line*. Esta terceira frente de atuação se confunde com a própria criação do Núcleo: nos últimos 13 anos, grande parte do trabalho realizado pela equipe de técnicos e estagiários se concentra em tratar essas fontes audiovisuais, o que permitiu, até o momento, a disponibilização de cerca de trezentas entrevistas de história oral nas páginas dos projetos ou no Youtube.

Quando editamos as entrevistas de história oral para serem disponibilizadas *on-line*, realizamos um processo que chamamos de edição "*light*". Nessa etapa, nosso intuito é permitir que pesquisadores, professores e interessados em geral possam acessar a entrevista praticamente na íntegra, com o mínimo de intervenção por parte dos editores. O trabalho de edição se resume a cortar eventuais erros técnicos de gravação e a inserir abertura e créditos finais. Não há alteração da ordem cronológica da entrevista nem supressão de conteúdo, a não ser que o corte seja pedido explicitamente pelo entrevistado. Não se trata, portanto, de transformar a entrevista em um documentário, pois não há nesse processo nenhum trabalho de articulação ou construção de linguagem.

No entanto, o trabalho realizado pelo NAD a partir das entrevistas de história oral não se restringe ao seu tratamento para a disponibilização *on-line*. Desde sua criação, a coordenação do Núcleo tem procurado encontrar outras formas de apresentar os resultados alcançados pelas diferentes pesquisas que utilizam o método da história oral: realizar edições com recortes temáticos definidos pelos coordenadores dos projetos; engajar os alunos em disciplinas que propõem a realização de roteiros a partir das entrevistas; e oferecer oficinas abertas ao público externo onde o dispositivo é a produção de filmes com base em projetos de história oral.

Todas essas estratégias têm nos colocado também grandes desafios. O primeiro deles diz respeito à própria natureza das entrevistas que editamos. As entrevistas de história oral realizadas no CPDOC passaram a ser sistematicamente gravadas em vídeo a partir de 2006. Ao incorporar a nova tecnologia e agregar a dimensão imagética às pesquisas, o PHO se preocupou também em conservar no novo modo de produção os principais traços que caracterizam sua metodologia. Não entraremos no mérito dos efeitos operados pela presença da câmera na entrevista;[5] o que nos interessa aqui é justamente frisar aquilo que não foi alterado na passagem do registro com um pequeno gravador de áudio para a filmagem, pois são justamente essas características que conferem especificidade ao material.

Equipes e equipamentos de gravação reduzidos, interferência mínima por parte da equipe técnica nas locações e no próprio processo de gravação das entrevistas, filmagens longas e praticamente sem interrupções, plano de gravação e roteiro concebidos apenas pelos pesquisadores coordenadores dos projetos. Esses elementos visam a permitir que entrevistador e entrevistado se sintam à vontade, como se de fato não houvesse ninguém além deles no espaço gravado.

**Figura 1**
**Celso Castro e Thais Blank em entrevista com o comandante Pedro Pires**

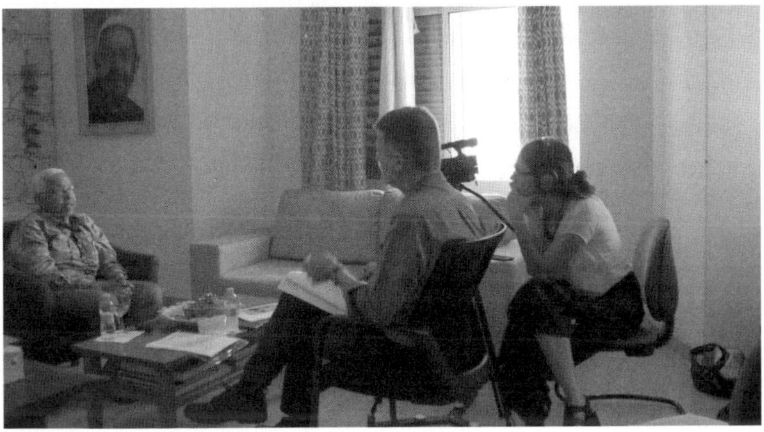

Foto: Diana Sichel. Acervo FGV CPDOC.

5 Essa discussão é aprofundada no capítulo de Celso Castro e Arbel Griner presente nesta publicação.

Se, por um lado, esse formato minimalista de gravação permite que o relato do entrevistado flua de acordo com sua própria temporalidade, sem maiores interrupções, por outro, ele produz um material audiovisual que nem sempre alcança os melhores resultados estéticos e técnicos. Não é raro, por exemplo, observarmos uma brusca mudança de cor e luz nas entrevistas gravadas. Isso acontece porque nunca sabemos ao certo quanto tempo durará a sessão da entrevista e não trabalhamos nas locações com luz artificial. Também não é difícil encontrarmos interferência de elementos estranhos ao quadro, como a presença de copos e xícaras de café que aparecem no decorrer da entrevista. Temos uma pequena sala-estúdio no CPDOC, na qual gravamos muitas entrevistas, e onde temos um razoável controle do ambiente. No entanto, quando as entrevistas são gravadas na casa ou no local de trabalho do entrevistado, nem sempre é possível produzir uma situação em que a luz e o fundo do quadro estejam em harmonia. Outro ponto fundamental é a imobilidade da câmera, que permanece quase sempre em plano médio. Não há uma segunda câmera que possa fazer imagens de cobertura, a não ser em casos excepcionais, como a gravação da entrevista de Pedro Pires, que comentaremos a seguir. O plano se concentra durante toda a entrevista no rosto do entrevistado a fim de captar suas expressões.

Todas essas questões podem parecer apenas detalhes, mas, ao aceitarmos o desafio de articular esses materiais em uma nova linguagem fílmica, elas se transformam em um *problema de montagem*. Quando iniciamos a edição das entrevistas com o objetivo de produzir a partir delas documentários, percebemos que a riqueza dos depoimentos não é suficiente para sustentar os filmes. Conhecemos na história do cinema muitos cineastas que trabalham de forma magistral as entrevistas: Claude Lanzman, Eduardo Coutinho e Rithy Pahn são apenas alguns exemplos de autores que realizaram obras fundamentais utilizando apenas a potência da oralidade. No entanto, esses cineastas realizaram suas entrevistas a partir de um olhar cinematográfico.

Já em nossas primeiras experiências de realização de filmes a partir das entrevistas de história oral, ficou claro que deveríamos tratar as entrevistas como imagens de arquivo ou, como define Christa Blumlinger (2013), como "imagens de segunda mão". Nesse sentido, foi preciso compreender nosso material de trabalho como um material realizado previamente à concepção do filme, imbuído de distintas finalidades e que, no processo de montagem, necessita ser retrabalhado e, por que não dizer, ressignificado.

A entrevista filmada em Cabo Verde com o comandante Pedro Pires, como todas as demais entrevistas realizadas no âmbito do PHO, foi concebida para ser fonte histórica. Sua primeira vocação é a de provocar e preservar o testemunho em primeira pessoa de uma determinada experiência histórica. As condições de produção da entrevista foram similares às demais que integram o programa: equipe pequena, poucos equipamentos, iluminação natural, locação escolhida pelo entrevistado, quase nenhuma intervenção da equipe técnica no decorrer das 13 horas de gravação e na relação estabelecida entre o entrevistador e o entrevistado. A única exceção foi a presença intermitente de uma segunda câmera operada pela assistente de pesquisa, que ficou encarregada de realizar alguns planos de cobertura e reproduzir imagens do arquivo pessoal de Pedro Pires.

As experiências de montagem realizadas a partir da entrevista tiveram que enfrentar os desafios mencionados. Entre os problemas técnicos que tivemos que driblar, podemos destacar a mudança constante de luz, com intensidade regulada por nuvens e pela trajetória do sol. É importante frisar também que, para além de questões técnicas e estéticas, a produção de documentários a partir de entrevistas de história oral precisa romper com a própria estrutura dos depoimentos, calcados na linearidade narrativa. De forma geral, a metodologia da história oral trabalha com dois modelos distintos: as entrevistas temáticas (que abordam um tema específico a partir do olhar do entrevistado) e as entrevistas de história de vida (que recuperam toda a trajetória do entrevistado para, a partir dela, abordar diferentes temas). A maior parte das entrevistas realizadas no âmbito do PHO do CPDOC, como a que realizamos com Pedro Pires, segue o segundo caminho. O pesquisador inicia o diálogo indagando sobre as origens do entrevistado e busca reconstruir de forma cronológica sua trajetória até o momento presente.

Para percorrer esse caminho, o entrevistador possui um roteiro de perguntas produzido a partir de uma pesquisa realizada previamente. O roteiro aborda aspectos que dizem respeito à vida privada e ao contexto social e político no qual a trajetória do entrevistado se insere. Cabe ressaltar que, apesar de estarem munidos de muitas informações, os pesquisadores adotam uma atitude de pouca interferência no decorrer da entrevista, pois possuem o entendimento de que seu papel é estimular a narrativa do entrevistado, e não o induzir à produção de um relato que confirme a pesquisa previamente realizada. Nesse sentido, o roteiro serve como um guia que orienta o movimento cronológico da entrevista.

Para a montagem do curta-metragem *The memory of the struggle for freedom in África*, de 2019, produzido para ser apresentado no Congresso Internacional da International Oral History Association (Ioha),[6] selecionamos diferentes trechos nos quais Pedro Pires reflete sobre os embates que marcam a construção de

---

6 O evento, que se realizaria em junho de 2020 em Singapura, acabou sendo adiado por conta da pandemia do coronavírus.

memórias e narrativas históricas sobre as lutas de independência. A operação de montagem que atravessa esse primeiro filme é a reiteração. Como vimos na primeira parte deste capítulo, ao longo das 13 horas de depoimento, nosso entrevistado afirmou diversas vezes a importância de narrar as lutas de independência pela perspectiva do continente africano. Ele receia que, nas "guerras da memória" contemporâneas, a sua memória e a de seus companheiros *combatentes* acabem sendo deixadas de lado ou adquiram contornos indesejados. Pedro Pires se vê na obrigação, como um dos remanescentes dessa luta, de preservar sua memória. Na edição do documentário, colocamos lado a lado os momentos nos quais o dever de memória é ressaltado pela fala do entrevistado. Fragmentos do discurso que na entrevista bruta aparecem diluídos na narrativa biográfica e correm o risco de passarem desapercebidos. A reiteração de uma única temática em todo o filme fez com que as falas sobre a questão da memória se potencializassem e ganhassem uma força expressiva que não é percebida na entrevista.

Outro aspecto importante da edição desse primeiro filme reside no seu próprio processo de produção, pois foi na ilha de edição que de fato realizamos a força do depoimento do comandante. No decorrer da entrevista, já sabíamos, claro, que estávamos registrando um importante depoimento histórico, mas foi no processo de montagem, diante da imagem de Pedro Pires ampliada na tela do monitor, que nos demos conta da expressividade dos seus gestos, da cadência e do ritmo do seu discurso, das pausas dramáticas que adotava em sua fala e do olhar carregado de emoção que lançava para a câmera. Foi na ilha de edição, a partir dessa primeira experiência de realização do curta, que tivemos a certeza de que o comandante não era apenas um entrevistado, mas sim um personagem, alguém que performa para a câmera, dotado de uma expressão original, de uma forma própria de narrar (Xavier, 2004).

Após a edição do curta-metragem, iniciamos um projeto maior, a realização do documentário sobre a luta pela libertação da Guiné-Bissau. Nesse filme, incorporamos a trajetória biográfica de Pedro Pires, assim como suas reflexões sobre o processo de luta. Com 1h4min de duração, o filme *A libertação da Guiné-Bissau: uma entrevista com o comandante Pedro Pires* respeita a cronologia dos acontecimentos históricos. Porém, para a montagem desse projeto, realizamos uma vasta pesquisa de imagens de arquivo, que no filme foram articuladas com o depoimento de Pedro Pires com o objetivo de criar um tensionamento entre fala e imagem.

Como exemplo, podemos citar a sequência na qual incorporamos imagens cedidas pelo Centro de Audiovisuais do Exército (Cave), imagens que contam a história da guerra colonial a partir do ponto de vista do colonizador. Nessas imagens, os combatentes da luta anticolonial são retratados como terroristas, elementos de disrupção da paz colonial. O narrador, na clássica posição da voz do saber onisciente, relata em tom sombrio as operações de guerra conduzidas pelos "terroristas". Em contraposição, Pedro Pires narra os mesmos incidentes, mas em sua fala substitui o olhar do colonizador pelo do combatente. Nesse sentido, podemos pensar que temos duas imagens de arquivo espelhadas (a própria entrevista e o arquivo português), retratos do mesmo evento sob óticas opostas. Ao realizar essas articulações, associações e contraposições, nosso objetivo era fazer emergir dessas imagens heterogêneas uma nova compreensão da realidade.

Vale frisar que nem todas as imagens cedidas pelo Cave foram produzidas pela propaganda colonial. O Centro nos enviou também filmes do Institut National de l'Audiovisuel (INA), da França, que apresentam uma narrativa pró-combatentes. Na edição, tomamos o cuidado de identificar as origens dos diferentes materiais, com o intuito de preservar as especificidades dos olhares conflitantes que determinaram a produção de cada registro audiovisual. Além das imagens cedidas pelo arquivo português, utilizamos, na edição, fotografias do arquivo pessoal de Pedro Pires e de livros sobre a guerra na Guiné-Bissau. Ao incorporar essas imagens, tentamos, sempre que possível, escapar da mera ilustração; mais do que ilustrar, nosso desejo era dar materialidade à fala de Pedro Pires, como se as imagens tivessem o poder de encarnar e dar corpo ao seu fluxo de pensamento.

Esse mesmo dispositivo foi adotado na edição do terceiro filme documentário, sobre o processo de independência de Cabo Verde. Nesse caso, além de fotografias e documentos do arquivo pessoal de Pedro Pires, utilizamos também material audiovisual da Fundação Mário Soares e Maria Barroso, do Museu da Presidência da República (Portugal), da Rádio e Televisão de Portugal e da Record TV Cabo Verde.

Finalmente, é importante assinalar que, no caso dos dois últimos filmes documentários, de maior duração, realizamos uma exibição privada remota para o comandante antes de finalizar os filmes. O objetivo era ter suas impressões sobre o trabalho de edição feito. Para além de algumas poucas observações ou correções sobre um ou outro detalhe dos filmes, o comandante demonstrou satisfação com o trabalho realizado.

* * *

Retomando o conceito de "lugares de memória", propomos pensar as diferentes camadas de memória que estão sendo exploradas nesse processo que vai da produção da entrevista à realização do filme.

Em um primeiro momento, temos a entrevista de história oral que é em si mesma um documento histórico, mas que não deixa de ser também um lugar de memória, pois a narrativa produzida pelo entrevistado é fruto não só das suas lembranças do passado, mas também do seu desejo de futuro. Há uma "vontade de memória" que tem na sua origem uma intenção memorialista. No caso de Pedro Pires, como já dissemos anteriormente, esse papel é exercido de forma absolutamente consciente.

Em um segundo momento, temos a articulação dessa entrevista em uma nova linguagem fílmica, feita por meio da seleção, da supressão e dos demais gestos de montagem próprios ao discurso cinematográfico. Nesse segundo momento, o poder sobre a narrativa não está mais nas mãos do entrevistado, mas do diretor da obra (nesse caso, os pesquisadores). Ocorre, portanto, um reenquadramento da entrevista original em nova moldura, cria-se um novo "lugar de memória".

Nesse sentido, podemos dizer que o maior desafio que enfrentamos para realizar esses documentários não foi de ordem técnica ou estética, mas sim ética. Se por um lado entendíamos que para transformar a entrevista em filme era preciso reenquadrar o discurso de Pedro Pires em nossa própria moldura, por outro desejávamos que cada corte fosse norteado pelo respeito ao seu depoimento e ao seu lugar de fala. Ao editarmos suas palavras, ao interferirmos com imagens alheias à sua experiência, sabíamos que corríamos o risco de deturpar o sentido original daquilo que nos contava e, mais ainda, a motivação primordial que o levou a falar. Essa consciência nos fez assumir a entrevista como espinha dorsal do documentário, e a exibi-lo para o comandante, antes de finalizado. Ao longo do percurso que traçamos para converter a entrevista de história oral em filme, fomos entendendo que não poderíamos submeter a fala de Pedro Pires a artifícios de montagem; para preservar a força do seu depoimento seria preciso, ao contrário, submeter a montagem à entrevista.

## Referências

BLUMLINGER, Christa. *Cinéma de seconde main*: esthétique du remploi dans l'art du film et des nouveaux médias. Paris: Klincksieck, 2013.

CASTRO, Celso; BLANK, Thaís; SICHEL, Diana L. *Comandante Pedro Pires*: memórias da luta anticolonial em Guiné-Bissau e da construção da República de Cabo Verde. Rio de Janeiro: FGV, 2021.

NORA, Pierre. Entre memória e história: a problemática dos lugares. *Projeto História*, São Paulo, v. 10, dez. 1993, p. 7-28.

XAVIER, Ismail. Indagações em torno de Eduardo Coutinho e seu diálogo com a tradição moderna. *Comunicação e Informação*, v. 7, n. 2, jul./dez. 2004, p. 180-187.

# 7. Entrevistando remotamente: notas sobre a experiência do CPDOC durante a pandemia da Covid-19

*Celso Castro*
*Ninna Carneiro*
*Thais Blank*
*Vivian Fonseca*

Em meados de março de 2020, a pandemia da Covid-19 gerou ações que afetaram a interação social em todo o mundo. No caso da FGV CPDOC, as atividades presenciais foram interrompidas e passaram a ser realizadas remotamente. A realização de entrevistas presenciais de história oral foram, portanto, suspensas. Vale lembrar que não se tinha uma estimativa precisa de quanto tempo duraria essa interrupção. A expectativa geral era de que durasse algumas semanas. Contudo, após alguns meses, e com a permanência das restrições à interação presencial, decidimos retomar as entrevistas, agora de forma remota. Este capítulo relata como lidamos com a situação e faz um balanço sobre os resultados.

Para viabilizar o início das gravações de entrevistas remotas, inicialmente a equipe do Programa de História Oral (PHO) fez, entre junho e agosto de 2020, uma pesquisa sobre o tema. Apesar de já existirem trabalhos desenvolvidos sobre as possibilidades que o virtual oferece em termos de entrevistas à distância, a pandemia trouxe toda uma nova gama de discussões sobre o tema, com publicações como da Oral History Association (OHA)[1] que

1 Disponível em: https://oralhistory.org/remote-interviewing-resources/#personvremote. Acesso em: 20 jul. 2020.

disponibilizou um guia com indicações de realização de entrevistas à distância, e do Oral History Center (OHC), da Universidade de Berkeley.[2] Outra publicação, que serviu como base para o desenvolvimento do protocolo elaborado pelo PHO, foi da Oral History Society (OHS), instituição britânica que disponibilizou em sua página na *web* algumas recomendações sobre a realização de entrevistas de história oral de forma remota.[3] O artigo, que já contava com várias atualizações, apontava as principais questões que os pesquisadores deveriam considerar ao optarem por realizar entrevistas de forma remota.

Na versão disponibilizada em fevereiro de 2021, uma das questões apontadas pelos realizadores era a incerteza de como a história oral iria se adaptar à situação do "novo normal", isto é, como os procedimentos de entrevistas remotas seriam utilizados com o fim do distanciamento social imposto pela pandemia. No guia, um dos pontos levantados são os impactos físicos, emocionais e financeiros causados pela continuidade da pandemia, e a importância de levar isso em consideração ao desenvolver um projeto de história oral num cenário extraordinário. Essas ponderações, aplicáveis aos anos de 2020 e 2021, já surgem de uma nova forma num contexto onde o distanciamento social não é mais estritamente necessário, permitindo considerar a realização de entrevistas remotas não mais como uma solução para uma circunstância anômala, como no caso da pandemia, mas sim como uma nova abordagem possível da metodologia da história oral.

A OHS apresentava considerações em relação ao tipo de entrevista a ser realizada, à adaptação da metodologia da história oral

---

2 Disponível em: www.lib.berkeley.edu/sites/default/files/files/RemoteInterviewingForZoom%2C%2007-13-20.pdf. Acesso em: 15 jul. 2020.

3 Disponível em: www.ohs.org.uk/covid-19-remote-recording/. Acesso em: 11 jul. 2020.

ao meio digital, sobre as implicações tecnológicas que os entrevistadores e entrevistados precisariam avaliar, questões de direitos autorais relacionados com essa modalidade de entrevista, entre outros. Todos esses pontos foram ponderados para a construção do protocolo de procedimentos de entrevistas à distância elaborado pela equipe do PHO, de forma a seguir da melhor maneira o padrão de qualidade já estabelecido no CPDOC.

Em primeiro lugar, foi necessário avaliar as plataformas virtuais existentes, a fim de optar por qual utilizar na gravação das entrevistas. Levando em consideração que uma entrevista de história oral representa um registro histórico, a garantia da integridade do conteúdo é um dos pressupostos centrais na escolha de um suporte de gravação. Dessa forma, fazia-se necessário escolher uma plataforma digital que garantisse um nível de qualidade ao material produzido. Levando em consideração todos os critérios básicos necessários para a realização de uma entrevista de qualidade, foi escolhida a plataforma Zoom como o suporte de gravação.

Vale ressaltar que essa plataforma já estava sendo utilizada desde o início da pandemia, para as aulas remotas na FGV, com elevado grau de satisfação. Havia, contudo, também a utilização de outras possibilidades. No caso das entrevistas de história oral, tínhamos em vista, com essa escolha, as possibilidades apresentadas em termos não somente do registro em vídeo, mas também no que se refere ao processo de preservação do material produzido. A plataforma Zoom apresenta a opção de mais de uma pessoa efetuar a gravação, o que possibilita a criação de um arquivo de *backup* para além da fonte original, resguardando o registro da entrevista de história oral de eventuais perdas ocasionadas por interrupções de energia ou outros fatores externos.

Após a plataforma ser escolhida, a equipe do PHO elaborou um protocolo de procedimentos a serem adotados para a realização de entrevistas remotas, com recomendações direcionadas aos entrevistadores e aos entrevistados. Nesse documento, foram apontados elementos centrais para garantir a boa condução da entrevista, na tentativa de emular ao máximo possível as condições de uma entrevista presencial.

Entre esses elementos, destacamos a necessidade de um bom ambiente no momento da gravação, em termos de uma iluminação adequada, o posicionamento da câmera do entrevistado, que não deve estar na contraluz, evitar locais com barulho excessivo, entre outras indicações que visam garantir a melhor qualidade possível do registro. Um ponto essencial indicado no protocolo é que entrevistas realizadas de forma remota necessitam de uma boa conexão de internet para ocorrerem sem interrupções constantes, o que prejudicaria de forma incontornável a fonte oral produzida.

A metodologia da história oral preza por depoimentos em profundidade por parte de seus entrevistados, e em nossa experiência as sessões costumam durar em torno de duas horas, podendo, contudo, se estender para além disso. Nesse sentido, caso a conexão da internet do entrevistado se apresente muito instável no momento da entrevista, recomenda-se que ela seja adiada para uma nova data, de forma a não colocar em risco a integridade da fonte oral a ser produzida.

No que se refere à preservação dos documentos audiovisuais produzidos, uma das questões que as gravações remotas apresentaram é que a plataforma Zoom gera arquivos de vídeo no formato mp4 e de áudio no formato m4a, ambos diferentes do padrão adotado pelo PHO para arquivos de guarda. Essa mudança de formato, mesmo que não ideal em termos de práticas de preservação digital, apresenta-se como aceitável ao levarmos em consideração que a realização dessas entrevistas, em um contexto de pandemia, poderia acontecer somente em situação remota. A prioridade é a produção dessas fontes orais, dentro das possibilidades que a gravação à distância apresenta.

Ao se discutir a aplicação da metodologia da história oral, um dos pontos levantados é a relação estabelecida entre entrevistador e entrevistado, uma relação baseada em proporcionar um ambiente confortável para a gravação do depoimento oral. Em termos de entrevistas realizadas remotamente, é preciso considerar que existe um elemento de distanciamento imposto pelo digital, seja na forma de computadores ou de celulares. Nesse sentido, quais seriam os possíveis impactos da transferência do ambiente presencial para o digital?

Ao iniciarmos as gravações remotas, uma série de hipóteses havia sido formulada, por parte da equipe, sobre o que poderíamos esperar no sentido de mudanças encontradas nas fontes históricas produzidas. Entrevistas mais curtas, dificuldades técnicas devido à pouca familiaridade com a plataforma Zoom e interrupções externas advindas do ambiente doméstico foram algumas das questões que se esperava encontrar na realização de entrevistas dessa natureza.

Na prática, todavia, os resultados se mostraram surpreendentes, com pouca perda de qualidade de conteúdo em termos das fontes históricas produzidas. Mesmo considerando que imagens produzidas em um ambiente virtual possuem uma qualidade menor do que a gerada por uma câmera de vídeo, o conteúdo das entrevistas não sofreu perdas significativas, emulando de maneira fidedigna as entrevistas presenciais. Ocorreram eventualmente problemas com interrupções ou variações da conexão *on-line*, porém quase sempre rapidamente solucionadas. Era evidente que os entrevistados possuíam graus diferentes de fluência digital *on-line*. Por vezes, havia a necessidade de orientarmos como realizar procedimentos para ativar áudio ou vídeo, por exemplo. Além disso, fizemos sugestões que melhorassem a iluminação ou o posicionamento dos entrevistados diante da câmera. Por vezes, um técnico do PHO fazia uma conversa prévia com o futuro entrevistado para dirimir dúvidas e realizar um teste. Embora permanecessem durante a gravação da entrevista, os técnicos desligavam seus vídeos, deixando em cena apenas entrevistado e entrevistadores, retomando apenas quando solicitados ou ao final da entrevista.

Durante a realização da entrevista, algumas características da realização remota da entrevista pelo Zoom se destacaram. Do ponto de vista do entrevistador, a possibilidade de conversar privadamente por *chat* com outro(s) colega(s) que participassem da entrevista permitia organizar melhor a sequência de perguntas e combinar estratégias a seguir durante a entrevista, o que não ocorre durante a entrevista presencial. Em relação à documentação final da carta de cessão, optamos por inserir no *chat*, de forma aberta, um texto que pedíamos para os entrevistadores lerem ao final da gravação:

> Eu, NOME DA(O) ENTREVISTADA(O), portador(a) do CPF XXXXXXXXXXX, declaro que autorizo a utilização do meu depoimento concedido no dia XX/XX/XXXX, no âmbito do projeto NOME DO PROJETO, para ser integrado ao acervo do Programa de História Oral do Centro de Pesquisa e Documentação de História Contemporânea do Brasil da Fundação Getulio Vargas.

Dessa forma, ficava registrado o consentimento com a cessão de direitos, não sendo necessária a assinatura do documento em papel.

Ainda que seja necessário aprofundar a reflexão acerca do uso da mediação do ambiente virtual na realização de entrevistas em profundidade, a prática de entrevistas *on-line* vivenciada nos últimos anos no CPDOC nos permite afirmar que, de uma forma geral, observamos uma continuidade dos princípios metodológicos que regem as entrevistas presenciais para o ambiente virtual. Diante da nova realidade colocada pelo uso do dispositivo de videoconferência, os pesquisadores realizaram poucas modificações ou adaptações em seus modos de conduzir as entrevistas, os desafios apresentados se revelaram menos relevantes do que os ganhos.

Cabe destacar, também, que, mesmo depois da retomada da gravação de entrevistas presenciais, entrevistas mediadas pelo ambiente virtual continuam a acontecer. O uso dessa ferramenta possibilitou que pesquisadores interagissem com interlocutores baseados em diferentes regiões do planeta, sem a necessidade de gastar recursos com deslocamentos. A adoção das ferramentas de interação virtual vem, assim, viabilizando a diversificação das pesquisas e sua sustentabilidade financeira.

# Sobre os autores

**Arbel Griner**

Doutora em saúde coletiva e mestre em sociologia e antropologia pelo Programa de Pós-Graduação em Sociologia e Antropologia da Universidade Federal do Rio de Janeiro (PPGSA/UFRJ), com a dissertação *A estética da ética: uma análise do cinema documentário de Eduardo Coutinho, Eduardo Escorel e João Moreira Salles*. Foi uma das criadoras do Núcleo de Audiovisual e Documentário do Centro de Pesquisa e Documentação de História Contemporânea do Brasil da Fundação Getulio Vargas (FGV CPDOC) e uma de suas coordenadoras entre 2008 e 2017. Atualmente é pesquisadora de pós-doutorado em Princeton University.

**Bernardo Buarque de Hollanda**

Professor da Escola de Ciências Sociais da Fundação Getulio Vargas (FGV CPDOC). Bacharel (1995) e licenciado (1997) em ciências sociais pela Universidade Federal do Rio de Janeiro (UFRJ), mestre (2003) e doutor (2008) em história social da cultura pela Pontifícia Universidade Católica do Rio de Janeiro (PUC-Rio), com estágio sanduíche na École des Hautes Études en Sciences Sociales (Ehess, 2006). Foi secretário-geral da Associação Brasileira de História Oral (Abho, gestão 2020-22), é membro reeleito do conselho da

International Oral History Association (Ioha, gestão 2018-23) e editor das revistas *Words & Silences, Revista de História Oral* e *Esporte & Sociedade*. Tem pós-doutorado pela Maison des Sciences de l'Homme de Paris (Bourse Hermès, 2009) e pela University of Birmingham (Rutherford Fellowship, 2018). Bolsista de capacitação técnica pelo programa Capes Print, com pesquisa no Centre International de l'Étude du Sport (Cies/Neuchâtel, Suíça, 2020). Representante eleito do Comitê Consultivo SciELO na área de Ciências Humanas (2021-23). É coordenador do segmento acadêmico do Programa de Pós-Graduação em História Política e Bens Culturais (PPHPBC CPDOC). Coordena o Laboratório de Estudos do Esporte (Lesp) e o Laboratório de Pensamento Social (Lapes), ambos cadastrados no Diretório de Pesquisas do CNPq. Suas principais áreas de interesse são: história social do futebol e torcidas organizadas; modernismo e vida literária no Brasil; cultura brasileira — crítica e interpretação; pensamento social e história intelectual.

**Celso Castro**
Professor e atual diretor da Escola de Ciências Sociais da Fundação Getulio Vargas (FGV CPDOC), é doutor em antropologia social (Museu Nacional, UFRJ) e historiador. Sua principal linha de pesquisa refere-se ao estudo dos militares, tema sobre o qual publicou diversos livros, destacando-se: *O espírito militar* (Zahar, 1990, 3. ed. rev., 2021), *Os militares e a República* (Zahar, 1995), *A invenção do Exército brasileiro* (Zahar, 2002) e *Exército e nação* (FGV, 2012). Organizou vários livros baseados em entrevistas de história oral sobre os militares na história brasileira pós-1964 que inclui a trilogia *Visões do Golpe* (1994), *Os anos de chumbo* (1994) e *A volta aos quartéis* (1995), publicada pela Editora Relume-Dumará; e *Ernesto Geisel* (1997), *Militares e política na Nova República* (2000),

*Missão Haiti* (2019), *Operação Acolhida* (2022) e *Forças Armadas na segurança pública* (2023), publicados pela Editora FGV. Publicou, pela Editora Routledge, a trilogia *Qualitative methods in military studies* (2013), *Researching the military* (2016) e *Understanding the impact of social research on the military* (2022). Na área de ciências sociais, organizou e publicou *Franz Boas — antropologia cultural* (Zahar, 2004), *Evolucionismo cultural* (Zahar, 2005), *História do turismo no Brasil* (FGV, 2013), *Textos básicos de sociologia* (Zahar, 2014), *Cultura e personalidade* (Zahar, 2015), *Introdução às ciências sociais* (FGV, 2015), *Textos básicos de antropologia* (Zahar, 2016) e *Além do cânone: para ampliar e diversificar as ciências sociais* (FGV, 2022). Coordena, desde sua criação, em 2008, o projeto "Memória das Ciências Sociais", que conta com mais de 150 entrevistas realizadas e disponibilizadas publicamente (https://cpdoc.fgv.br/cientistassociais). Ganhou os prêmios "Inovação no ensino de antropologia" (ABA e Fundação Ford, 2006) e "Divulgação científica em ciências sociais" (Anpocs, 2021).

**Fernando Fontainha**

Professor do Instituto de Estudos Sociais e Políticos da Universidade do Estado do Rio de Janeiro (Iesp/Uerj), onde exerce a função de diretor, é docente permanente dos programas de pós-graduação em sociologia e em direito e colaborador do Mestrado Profissional em Direito. É coordenador do Núcleo de Pesquisas em Direito e Ciências Sociais (Deciso) (http://deciso.iesp.uerj.br). É pesquisador associado do Centre d'Études Politiques de l'Europe Latine (Cepel, França), e do Centro de Estudos Jurídico-econômicos e Sociais (Cejes, Angola). É bolsista de Produtividade em Pesquisa do Conselho Nacional de Desenvolvimento Científico e Tecnológico (CNPq), bolsista "Prociência" da Uerj e bolsista "Jovem Cientista do Nosso Estado (JCNE)" da Fundação Carlos Chagas Filho de

Amparo à Pesquisa do Estado do Rio de Janeiro (Faperj). Possui doutorado em ciência política pela Université de Montpellier 1 (UM1, 2011), mestrado em sociologia e direito pela Universidade Federal Fluminense (UFF, 2006) e graduação em ciências jurídicas e sociais pela Universidade Federal do Rio de Janeiro (UFRJ, 2004). Atua na área de sociologia do direito, principalmente nos seguintes temas: recrutamento, formação, trajetória e desempenho das elites jurídicas, organização social e política do Poder Judiciário, e a relação entre as instituições jurídicas e as hierarquias ocupacionais e o trabalho cotidiano dos juristas.

**Izabel Nuñez**
Doutora em antropologia pelo Programa de Pós-Graduação em Antropologia da Universidade Federal Fluminense (PPGA/UFF, 2018). Doutoranda em direito pelo Programa de Pós-Graduação em Direito da Universidade do Estado do Rio de Janeiro (PPGD/Uerj). Mestre em ciências jurídicas e sociais pelo Programa de Pós-Graduação em Sociologia e Direito (PPGSD/UFF, 2012). Bacharel em ciências jurídicas e sociais pela Pontifícia Universidade Católica do Rio Grande do Sul (PUCRS, 2007). Atualmente é pesquisadora de pós-doutorado vinculada ao Núcleo Fluminense de Estudos e Pesquisa (Nufep/PPGA/UFF). É pesquisadora do Instituto Nacional de Estudos Comparados em Administração Institucional de Conflitos (INCT-InEAC).

**Leonardo Seiichi Sasada Sato**
Advogado e sócio-administrador em Petereit e Sato Advogados Associados. Tem experiência na área de ciência política, direito e história, atuando principalmente nos seguintes temas: história da Primeira República, pensamento político brasileiro, história do Supremo Tribunal Federal (STF) e história do direito. Já trabalhou

com história oral, história social do direito de propriedade de terra no Brasil (séculos XIX/XX), ensino de direito, ensino de história e ciências sociais. É pesquisador junto aos seguintes grupos de pesquisa: Grupo de Estudos Interdisciplinares sobre Estado, Finanças e Tributação (Geieft-UFF), Beemote — Grupo de Estudos e Pesquisa em Teoria Política e Pensamento Político Brasileiro (Uerj), História e Direito: Poderes, Instituições e Práticas (UFF-Macaé) e A Abertura Metodológica da Pesquisa do Pensamento Jurídico Processual (Universidade Federal de Pelotas, Ufpel).

**Marco Aurélio Vannucchi**

Professor da Escola de Ciências Sociais da Fundação Getulio Vargas (FGV CPDOC). Bolsista de produtividade de pesquisa do CNPq. Coordenador do Programa de Pós-Graduação em História, Política e Bens Culturais (PPHPBC) do FGV CPDOC. Editor da revista *Estudos Históricos* entre 2014 e 2018. Coordenador da graduação em história do FGV CPDOC entre 2014 e 2016. Graduado e mestre em história pela Universidade de São Paulo (USP). Doutor em história pela mesma instituição, com período sanduíche na Universidade Paris IV (Sorbonne). Pós-doutorado em sociologia pela Universidade de Campinas (Unicamp). Autor de *Os cruzados da ordem jurídica. A atuação da Ordem dos Advogados do Brasil (OAB), 1945-1964* (2013), entre outros livros. Autor de artigos publicados em revistas nacionais e estrangeiras. Pesquisador da The International Network of Analysis of Corporatism and the Organization of Interests (Netcor) (https://netcor2015.wixsite.com/netcor). Pesquisador da Research Network for the Study of Fascisms, Authoritarianisms, Totalitarianisms, and Transitions to Democracy (Refat) (https://site.unibo.it/refat/en/network). Pesquisador da Rede Conexões Lusófonas (https://rededepesquisa.wixsite.com/conexoeslusofonas). Integrante da coordenação do projeto "História Oral do Supremo" (2012-16) e coordenador-geral do projeto de história oral "Construindo um judiciário responsivo: uma análise da atuação do Conselho Nacional de Justiça (CNJ) e das suas relações com os demais Poderes da República" (2012-17).

**Matias Spektor**
Professor da Escola de Relações Internacionais da Fundação Getulio Vargas (FGV RI), é doutor pela universidade de Oxford e foi pesquisador visitante em Princeton, London School of Economics and Political Science, King's College London e Woodrow Wilson International Center for Scholars. Suas áreas de especialidade incluem segurança internacional, política nuclear, repressão transacional, política do clima e política externa brasileira. É autor de *Kissinger e o Brasil* (2009), *Origens da cooperação nuclear: uma história oral e crítica entre Argentina e Brasil* (2012), *Dezoito dias* (2014) e *Azeredo da Silveira, um depoimento* (2015), além de capítulos e artigos acadêmicos. Durante uma década, no CPDOC, gravou centenas de horas de depoimentos de história oral com operadores da política externa brasileira.

**Ninna Carneiro**
Formada em ciências sociais pela UFRJ e mestra pelo Programa de Bens Culturais e Projetos Sociais da Escola de Ciências Sociais da Fundação Getulio Vargas (FGV CPDOC), onde trabalha como analista de Documentação e Informação do Programa de História Oral (PHO) e do Núcleo de Audiovisual e Documentário (NAD). É membro da International Association of Sound and Audiovisual Archives e da Associação Brasileira de Preservação Audiovisual, e tem se dedicado aos estudos referentes à gestão, preservação e difusão de documentos sonoros e audiovisuais no Brasil.

**Raphael Rajão Ribeiro**

Professor EBTT do Instituto Federal de Educação, Ciência e Tecnologia do Ceará, é doutor em história, políticas e bens culturais (Escola de Ciências Sociais, FGV CPDOC). É o atual secretário-geral da Associação Brasileira de História Oral (Abho, gestão 2022-24). Sua principal linha de pesquisa é a história do esporte, com ênfase na temática do futebol, sobre o qual publicou o livro *A bola, as ruas alinhadas e uma poeira infernal: os primeiros anos do futebol em Belo Horizonte — 1904-1921* (Multifoco, 2018). Tem histórico de atuação em instituições de memória e patrimônio, sendo um dos coordenadores da coleção Histórias de bairros de Belo Horizonte (APCBH, 2008-11). Nessa seara, desenvolveu o "Inventário do futebol amador em Belo Horizonte", com a mobilização da história oral, resultando na produção de 49 entrevistas com integrantes de clubes de futebol de várzea da capital mineira.

**Rodrigo Mallea**

Mestre em ciência política pelo Instituto de Educação e Saúde Pública (Iesp/Uerj) e doutorando em estudos internacionais (Torcuato Di Tella). Sua principal linha de pesquisa refere-se ao estudo da trajetória da história nuclear da Argentina de uma perspectiva internacional. Diplomata graduado do Instituto do Servicio Exterior de la Nación (Isen) da Argentina (2015), serviu na Direção de Segurança Internacional, Assuntos Nucleares e Espaciais (2016-18), a Embaixada da Argentina na China (2018-20), e atualmente se desempenha na Embaixada da Argentina no Brasil. Coautor do livro *Origens da cooperação nuclear: uma história oral e crítica entre Argentina e Brasil* (FGV, ICCS e o Woodrow Wilson International Center for Scholars, 2012), e do artigo "American seeds of Abacc? Findley's proposal to create a mutual nuclear inspections system between Brazil and Argentina" (*The International History Review*, v. 40, 2018).

**Thais Blank**

Professora e atual coordenadora da Documentação e do Núcleo de Audiovisual e Documentário da FGV CPDOC. Doutora em comunicação e cultura pela Universidade Federal do Rio de Janeiro (2015) e em Histoire Culturelle et Sociale de L'Art pela Universidade Paris 1 Panthéon-Sorbonne (2015), desenvolve pesquisa no campo da cultura visual com ênfase nas relações entre cinema, história, arquivo e educação. Em 2022, organizou pela Editora FGV a publicação *A propósito dos outros filmes: encontros com o arquivo de imagens em movimento*, resultado da experiência de 10 anos como coordenadora do Grupo de Trabalho Outros Filmes da Associação dos Investigadores da Imagem em Movimento de Portugal. É líder do grupo de pesquisa do CNPq Laboratório de Estudos da Cultura Visual (LECV FGV CPDOC).

**Vivian Fonseca**

Coordenadora do Programa de História Oral da Escola de Ciências Sociais FGV CPDOC da Fundação Getulio Vargas, onde é pesquisadora plena e membro do corpo docente do Programa de Pós-Graduação em História, Política e Bens Culturais. É professora adjunta do Departamento de História da Universidade do Estado do Rio de Janeiro (UERJ/Maracanã). Possui graduação (bacharelado e licenciatura) em história pela Universidade Federal Fluminense (2006), mestrado (2009) e doutorado (2014) em história, política e bens culturais pela FGV. Foi pesquisadora visitante na École des Hautes Études en Sciences Sociales (EHESS – Paris/França) onde realizou um pós-doutorado com bolsa Capes-Print entre 2020 e 2021. Desde 2007 é associada ao Sport: Laboratório de História do Esporte e do Lazer vinculado à Universidade Federal do Rio de Janeiro (UFRJ) e desde 2016 é Pesquisadora Associada ao Instituto Nacional de Ciência e Tecnologia (INCT) Proprietas.

É membro da rede de pesquisadores da Cátedra Unesco de Políticas Culturais e Gestão sediada na Fundação Casa de Rui Barbosa. É representante do FGV CPDOC na International Association of Sound and Audiovisual Archives (IASA). Coordena o Laboratório de Estudos do Esporte (LESP – FGV CPDOC), cadastrado no Diretório de Pesquisas do CNPq. Suas principais áreas de reflexão são patrimônio cultural imaterial, estudos urbanos e luta por direitos e memória, identidade, política e esporte, capoeira e, mais recentemente, patrimônio digital.

Este livro foi impresso nas oficinas gráficas da Editora Vozes Ltda.,
Rua Frei Luís, 100 – Petrópolis, RJ.